CHATEAU DE RUEL

ET SES JARDINS

LE CHATEAU DE RUEL

ET SES JARDINS

LE

CHATEAU DE RUEL

ET SES JARDINS

SOUS LE CARDINAL DE RICHELIEU ET SOUS LA DUCHESSE D'AIGUILLON

PAR

ALFRED CRAMAIL

———◆———

FONTAINEBLEAU

E. BOURGES, IMPRIMEUR BREVETÉ

32, rue de l'Arbre-Sec, 32

—

1888

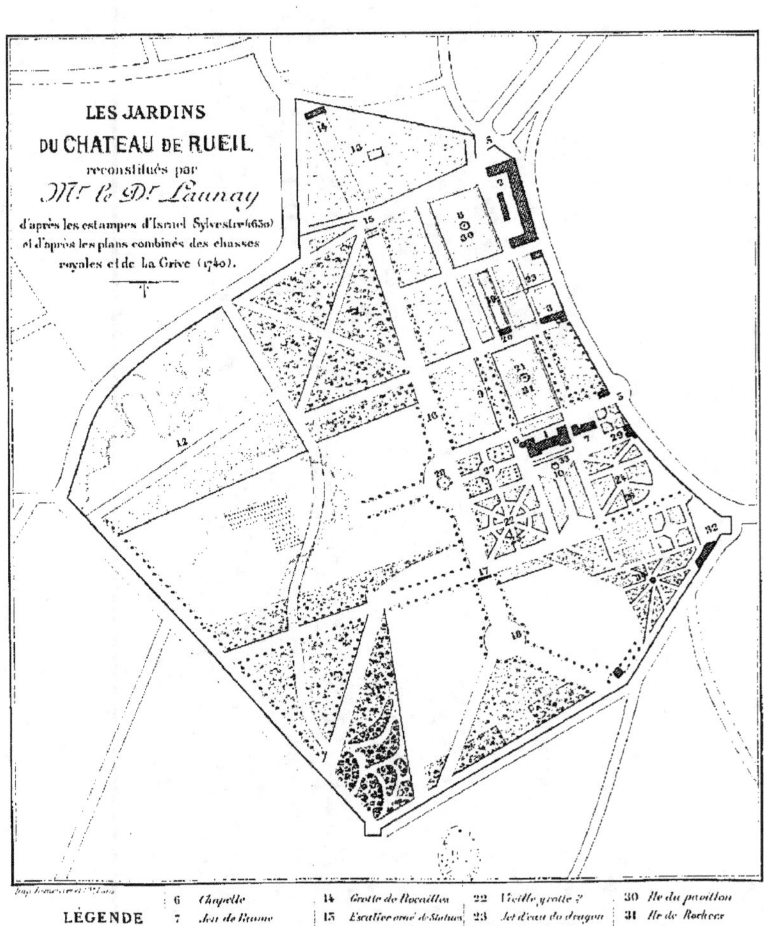

LES JARDINS
DU CHATEAU DE RUEIL.
reconstitués par
Mr le Dr Launay
d'après les estampes d'Israel Sylvestre (1650)
et d'après les plans combinés des chasses
royales et de La Grive (1740).

LÉGENDE

1 Chateau
2 Communs
3 Orangerie
4 Arc de Triomphe
5 Entrées
6 Chapelle
7 Jeu de Paume
8 Petit Etang
9 Les Cardinaux
10 Grand Parterre
11 Bois de charmes
12 Garenne
13 Potager
14 Grotte de Rocailles
15 Escalier orné de Statues
16 Chemin du gouffre
17 Le Gouffre (g^de cascade?)
18 Grand Réservoir
19 Canal et bassins
20 Grande Grotte
21 Grand Etang
22 Vieille grotte?
23 Jet d'eau du dragon
24 Mlle de Guise
25 Grand bosquet
26 Petit bosquet
27 Fontaine en Glacis
28 Rond d'Eau
29 Maison du père Joseph
30 Ile du pavillon
31 Ile de Rocher
32 G^de Ecurie Oisellerie
33 Bassin du g^d parterre
34 Fontaine

LE CHATEAU DE RUEL

ET SES JARDINS

AVANT-PROPOS

Trois pièces d'eau, une grotte de rocailles qui longtemps fut en ruines, une statue de Minerve en pierre; tels sont les principaux vestiges encore debout de l'ancien domaine du cardinal de Richelieu.

En voyant s'élever chaque année autour d'une de ces pièces d'eau tant de constructions nouvelles, il nous a paru curieux de chercher quel était le plan de l'ancienne demeure du Cardinal.

Les renseignements puisés aux Archives nationales, aux Archives départementales de Seine-et-Oise et l'examen détaillé de l'ancien sol mis à découvert pour les constructions nouvelles, nous ont permis, d'une manière précise, de retrouver l'emplacement où étaient situés le château et les cascades; les moindres indications données par un ouvrier ont guidé nos premières recherches; pour ne citer qu'un exemple, nous rappellerons qu'un jardinier se plaignait de voir mourir dès la seconde année les arbres qu'il plantait, en défonçant le sol, il a découvert en parfait état de conservation un bassin dont les dalles encore bien jointes empêchaient les racines des arbres de pénétrer dans la terre. C'est à l'aide de ces renseignements que l'emplacement exact de la plupart des cascades a été déterminé.

Une série de conférences sur l'histoire de Ruel faites par M. le Dr Launay, avait déjà éveillé notre attention; nous avons, sur les lieux mêmes, compulsé les documents écrits avec ceux que le hasard fournissait en mettant au jour soit un canal souterrain soit les fondations du château.

1

Les estampes conservées à la Bibliothèque nationale et dans les portefeuilles des amateurs nous ont permis de reconstituer les jardins tels qu'ils étaient au temps du Cardinal. Deux planches gravées en taille-douce, dans la *Géométrie pratique* d'Allain Manesson Mallet (1702) donnent le château entouré d'une grille et de fossés; les douze estampes d'Israël Silvestre, dédiées à la duchesse d'Aiguillon, donnent la vue de deux grottes, de deux bassins, d'un escalier, d'un arc de triomphe, d'une perspective, d'un étang et de deux cascades. Deux estampes d'Avelyne représentent la grotte et la grande cascade. Une estampe de Perelle reproduit la grotte et une partie des bassins.

La légende accompagnant lesdites estampes est d'un précieux secours pour retrouver l'emplacement des sites principaux des jardins. — Nous n'avons pas l'intention de les décrire, nous donnerons simplement le plan reconstitué par M. le Dᵣ Launay. Nous compléterons l'ouvrage par le nom des propriétaires qui ont possédé le domaine depuis le cardinal de Richelieu jusqu'au maréchal Masséna, et nous transcrirons sans commentaire et d'après les mémoires et ouvrages du temps les faits remarquables qui se sont passés dans ce château pendant cette longue période de 1623 à 1800.

CARDINAL DE RICHELIEU

I

CARDINAL DE RICHELIEU

(1623 à 1642)

———

Nous ne pouvons mieux commencer cette monographie du château qu'en transcrivant les notes qui nous ont été communiquées avec une grande bienveillance par M. de Boislile, membre de l'Institut.

Un des plus célèbres financiers du règne d'Henri IV, Jean Moisset, dit Montauban, le « Montauron du temps », comme l'appelle Tallemant des Réaux, acheta, le 21 juin 1606, de Pierre de la Bruyère, conseiller et argentier du Roi et secrétaire ordinaire de sa chambre, le château du Val de Ruel avec le parc de seize arpents, et une autre maison appelée la Grande-Maison, dite Mendosse, contenant vingt arpents. Le prix fut de quarante-six mille livres tournois ; le vendeur était en outre seigneur du fief de la Pallée.

Tailleur de son premier métier, Moisset s'était élevé, de « vol en vol », au poste de trésorier de l'Argenterie ; il se fit donner, en 1604, une commission générale pour la recette et le payement des rentes de la ville. La même année encore, il devint adjudicataire du premier bail des aides et reçut des lettres de noblesse.

Ruel devint entre les mains de Moisset une résidence somptueuse où la cour tout entière trouvait une hospitalité aussi familière que splendide lorsqu'elle se transportait à Saint-Germain ou qu'elle chassait dans les environs. Les journaux et mémoires du temps et les chroniqueurs parlent souvent des fêtes qui y furent données. Mais, si l'on en croit Tallemant, Ruel excita la convoitise du maréchal d'Ancre et de sa femme qui, pour s'en emparer, vers 1611, intentèrent contre le financier une accusation de fausse magie. Cette manœuvre échoua et Louis XIII, comme son père, continua à faire de fréquentes visites au château de Moisset. Toutefois la chambre des comptes, qui avait toujours manifesté une légitime aversion pour ce financier, saisit, en septembre 1612, un moment favorable pour le faire emprisonner et placer ses biens et papiers sous le séquestre. Moisset sortit encore d'affaires et devint fermier général des gabelles. Il occupait ce poste à sa mort (25 août 1620). Mais sa mort n'effaça pas le souvenir des méfaits qu'on pouvait lui reprocher ; c'est à lui et à sa famille que fait allusion un virulent réquisitoire du procureur général des comptes, prononcé en 1627, dans cette phrase accusatrice : « Passant devant leur palais, je les ai demandés. — Ils ne sont plus, leur mémoire est convertie en abomination[1]. »

Le principal légataire de Moisset, M. Pierre Payen, étant entré en possession de Ruel, cette terre, avec les autres biens de Payen, se trouva saisie à la requête d'un sieur de Bray sur Nicolas Bailly, curateur aux biens vacants du défunt. Par décret du 26 août 1633, la cour des Aides en prononça l'adjudication en faveur du mandataire du cardinal de Richelieu, moyennant 105,800 livres pour le château et 41,200 livres pour le droit d'aides dans le bourg de Ruel. Le 27 décembre 1633, le prieur des Roches prit, au nom du Cardinal, l'engagement d'acquitter ces deux sommes, mais le payement n'eut lieu qu'en 1635.

La même année (10 et 11 novembre) l'abbaye de Saint-Denis à laquelle Ruel rendait foi et hommage, vendit au Cardinal pour le prix de 220,000 livres (rente de 12,000 livres sur les tailles), la terre, seigneurie et châtellenie de Ruel et la prévôté de Colombes, Puteaux, etc.; tous les titres furent remis au prieur des Roches par l'archiviste de l'abbaye de Saint-Denis. Diverses acquisitions furent encore faites en 1639 pour agrandir le parc, elles s'élevèrent à 25,000 livres environ. En tout, le Cardinal dépensa 772,000 livres, plus tard sa nièce en dépensa encore 250,000.

Le Cardinal employa aux travaux de Ruel le même entrepreneur (maçon) qui venait de construire pour lui le palais cardinal. Cet entrepreneur s'appelait Jean Thirio. On a un devis passé avec lui pour construire un corps de logis en place de la galerie qui reliait le gros pavillon au corps de l'hôtel et une chapelle de forme ovale en dehors de la cour, entre l'escalier et l'entrée avec portail d'ordre dorique, dôme et lanterne (30 janvier 1636).

Une quittance du 28 mars 1639 porte aussi mention de 46,559 livres 16 s. 2 den. qui étaient dus au même Thirio pour le rondeau, les cascades, rigoles, grottes, et pour l'écurie que le Cardinal avait fait faire sur les dessins de son architecte Lemercier. Il existe aussi un marché passé le 19 juin 1638 avec un jardinier de Ruel, Jean Magnan, pour entretenir les allées, garnir de nouveaux plants, les parterres, le jardin de fleurs et le petit jardin de la terrasse, soigner le tapis vert, la grande allée de l'amandier, etc., tondre les buis du parterre et les palissades, labourer les nouveaux plants et bois de « confusion », jacqueter les rosiers, etc. Desgots, jardinier des Tuileries, fournit aussi des plantes.

L'année précédente on y avait planté des ceps de muscat apporté de Frontignan. Tallemant raconte que pour faire sa cour au Cardinal, Montauron achetait le vin de Ruel et le payait cent livres le muid. En effet, un contemporain note le fait à sa

---

1. V. M. de Boislile, Chambre des comptes, n° 455.

date du 8 décembre 1641 : « Madame d'Aiguillon ayant fait espérer à S. E. qu'il aurait cent livres du muid de son vin de Ruel, Montauron en a pris cent muids à ce prix-là et lui en a porté lui-même 10,000 livres en louis. »

En 1640, le même contemporain dit que l'on venait de faire un galinéro à Ruel et que l'intendance en avait été confiée au président Vignier.

Enfin il existe encore, sous la date du 15 juin 1642, un devis passé avec Pierre Le Maistre, maître des œuvres de maçonnerie de la ville de Paris et André Mazière, maître maçon demeurant rue Richelieu. Il s'agissait de la construction des ouvrages de maçonnerie « qu'il convient faire pour rebâtir le vieux logis du château lequel se trouve en péril éminent et pour faire de neuf un petit bâtiment entre l'escalier et la chapelle pour l'appartement de Mme la duchesse d'Aiguillon. »

Le logis à reconstruire renfermait l'appartement du Cardinal, le pont-levis devant être également refait.

A la mort du Cardinal, d'après l'inventaire qui fut dressé dans les premiers jours de 1643, le château comprenait les pièces suivantes :

Grande chambre donnant sur le Jeu de paume, cabinet proche l'escalier.

Petite galerie pour les gardes en suite du cabinet.

Petit cabinet proche la chambre de Monseigneur avec râtelier pour trente hallebardes et vingt mousquets. Garde-robe du Cardinal. (Antichambre où il mangeait, tapissée d'une histoire du pasteur Phidor avec ameublement de taffetas et gros de Naples orange et vert rayé d'or et d'argent.)

Petit cabinet donnant sur le fossé de la basse-cour du côté du Jeu de paume. Passage pour aller à la salle de billard.

Salle de billard garnie de l'histoire de Pomone-la-Jardinière, en tapisserie de Bruxelles.

Chambre de M^{gneur} le duc de Richelieu avec deux lits de damas (l'un bleu à grands fouillages et l'autre vert). Tous les meubles de même étoffe et une tapisserie de haute lice représentant le Triomphe de la mort.

Cabinet et garde-robe. — Salle à Table ronde, chapelle.

Chambre du premier étage de même sur le fossé.

Chambre du capitaine des gardes sur le fossé et parterre.

Deux chambres de l'appartement neuf.

Chambre du Cardinal de Mazarin, meublée en serge rouge avec une tapisserie d'Auvergne à bocages.

Chambre de l'apothicaire, chambre de M. de Bautru, donnant sur le Jeu de longue paume (tenture de tapisserie d'Auvergne à fleurs et pots de bouquets sur fond bleu avec les armes du Cardinal. Chambre de Citois, du secrétaire, des pages (6 couchettes), garde-robe, chambre du maître d'hôtel, 6 chambres du commun, chambre du capitaine des mousquetaires, chambre de Rossignol, du lieutenant des mousquetaires, chambre du concierge, etc.

Selon les comptes de la succession les entrepreneurs qui avaient travaillé à Ruel,
sous la direction de Le Mercier et auxquels il était encore dû de l'argent, étaient :

Les maçons : J. Thirio et Nic. De Laistre.

Le charpentier : Rob. Ghuppin.

Le couvreur : Denis Hébert.

Les menuisiers : Claude Hébrieux, Nicolas La Hoche et François Moriceau.

Les serruriers : Mathieu de Gizancourt et Jean Bidaud.

Le vitrier : Jean Gosse.

Un peintre décorateur : Henri Champaigne.

(Extrait des notes de M. de Boislile.)

Les mémoires du temps parlent peu du château et des jardins de Ruel, les
contemporains semblent trouver inutile de décrire ces beautés que chacun pouvait
facilement contempler, ils semblent réserver leurs relations pour les splendeurs du
château de Richelieu, dans le Poitou, qui a été visité par Tallemant des Réaux,
Voiture, Mlle de Montpensier et Lafontaine.

Nous lisons dans la relation de voyage d'Abraham Golnitz, Ulysses Belgico
Gallicus, qu'il visita Ruel — « in cujus extremo Palatium Domini de Moisset cum
hortis, fontibus et piscinis visu dignum. Ipsum ædificium cum area quadrilaterum
est non tamen ex omni parte habitationibus occupatum, fossæ profundæ grandioribus
vestitæ lapidibus, binis pontibus versatilibus junguntur, altero horum superato
occurrunt bini canes ex ære conflati aquam è genitalibus in fossam ejicientes. Indè
aliquot passus progredere ad fontem cui rosæ forma est, in quo Herculem cum clava
Draconem multorum capitum Cerberem et alia è metallo aquam expuentia cernes.
Hinc ex ambulacra, ad silvulam labyrinthii et aquæ ductibus elegantem mox ad
speleum saluntium aquarum ; ad piscinas et alia quæ arte et sumptuoso opere com-
pendio et forte ad invidiam structa. »

Le savant père Rapin, de la Société de Jésus, a chanté en vers latins les jardins
de Ruel dans le livre III de son poème des jardins qui parut en 1665.

> *Cuncta Ruellæo poteris quæ visere ruri...*
> *Hosque Ruellæis imitatæ Naiades hortis.*

Ce poème fut traduit en français par Gazon Douxaigné en 1773 et par Vogron et
Gabier en 1782 et 1803.

« Transportons-nous à Ruel, c'est là que, chargé du poids honorable des affaires
et maniant avec sagesse les rênes de l'État florissant qu'il gouvernait, l'illustre
Richelieu fit assembler à grands frais une quantité prodigieuse d'eaux. Vous les
verrez s'élever à des hauteurs incroyables et se précipiter tout à coup avec un bruit

Veuë en fasse de la grande Cascade du Jardin de Ruel.

imposant. Vous y verrez des fontaines d'un travail précieux, ici c'est une chimère effrayante qui vomit ses torrents. On s'étonne de cette mer qui parait sortir de ses vastes entrailles, là c'est un chasseur qui semble poursuivre une innocente proie, son geste annonce une mort certaine mais une vaine onde s'élance du tube redoutable et va baigner l'animal surpris. Le spectateur content rit de l'effet et applaudit à l'idée.

» Les naïades ont imité ces chutes d'eau, on les voit du haut d'un rocher étaler dans les beaux jardins de Ruel ce que l'œil a pu inventer de plus étonnant en ce genre. Les eaux tombent en abondance d'un rocher escarpé dont la cime s'élève dans les cieux. Les flots écument et se brisent dans leur chute rapide; on entend un bruit semblable à celui d'un torrent qui se précipite d'une haute montagne. La terre gémit sous d'horribles secousses, les cailloux et les rochers sont inondés et battus par les flots, toute la forêt, les lieux les plus éloignés retentissent au loin de cet horrible fracas. Une écluse d'une grandeur démesurée vomit avec fracas un déluge d'eau, les flots se précipitent comme un torrent et blanchissent d'écume toute la surface du bassin qui la reçoit, tandis que le monstre s'agite dans tous les sens, une foule de villageois qui l'environnent, s'éloignent épouvantés dans la crainte d'être inondés. (Voir aux pièces justificatives, le poème du Père Rapin.) »

Déjà en 1640 avait paru une lettre sur les jardins de Ruel : *Horti Ruellani, authore Salomone Priezaco, in monetarum curia senatore.* Cette lettre adressée à un ami donne une description un peu trop poétique des jardins pour qu'elle puisse servir de guide ou d'indication précise du nombre de cascades et de jets d'eaux (elle se trouve citée dans les pièces justificatives).

Ruel possédait une collection de fleurs qui paraient le grand et le petit parterre, le Cardinal les aimait beaucoup et était grand admirateur de tulipes; il avait même donné le nom de chancelière à une espèce de tulipe (violet et blanc) qui était très recherchée.

Le Cardinal de Richelieu avait habité le château de Ruel avant l'année 1633, époque à laquelle il s'en était rendu adjudicataire.

Après la mort de Moisset de Montauban, le 25 août 1620, le journal d'Héroard porte que le roi Louis XIII continua ses courses à Ruel. Le 27 juillet 1624, il soupe à Saint-Germain, soudain monte à cheval et part sur les mêmes chevaux qui l'avaient porté et va à Ruel voir la Reine sa mère, il revient de même à neuf heures. Le 27 août mardi 1624, il part de Saint-Germain-en-Laye, va voir la Reine sa mère à Ruel, y mange d'une tarte aux prunes de la façon du sieur François, écuyer de la bouche de la Reine, de là il va au galop jusqu'à Versailles.

La proximité de Saint-Germain où habitait la Cour, avait déterminé le Cardinal dans le choix de l'ancienne maison de Moisset, Limours, qu'il avait acheté en 1621, était trop éloigné de la Cour, il passait généralement à Ruel le temps que le Roi était à Saint-Germain.

Dans sa correspondance manuscrite conservée à la Bibliothèque nationale et dans celle publiée par M. Avenel, beaucoup de lettres portent la date de Ruel.

Le 3 novembre 1630 le Cardinal écrit de Ruel au Cardinal de la Valette (Sup. français, folio 317, Bibl. nat.) une lettre pour le rassurer après la disgrâce de son frère vaincu à Fontarabie.

Une autre lettre du 28 décembre 1633 porte également le nom de Ruel.

D'autres lettres en 1634 prouvent que le Cardinal passe une grande partie de l'année à Ruel, les dates font mention de Ruel pendant chaque mois, sauf ceux de février, de mars, d'août et de novembre durant l'année 1635. Le Cardinal, à ne consulter que la date des lettres, a fait un long séjour à Ruel; à la fin d'une lettre du 12 octobre 1635 on trouve : « On me veut donner deux avis... L'autre n'est pas de grandissime importance puisqu'il ne s'agit que d'un fonds par lequel on promét de payer le tripot que je fais icy, une escurie et quelque ornement et adjonction que je veux faire au parc de ce lieu. »

Du 12 mai 1636.

« Aussi-tost que j'ai sceu que S. M. venait à Versailles je me suis résolu de m'approcher d'Elle à Ruel où j'iray coucher aujourd'hui ou dans le bourg ou dans la ferme ne pouvant loger au château. »

Du 16 septembre 1642.

« Je me trouve bien empesché pour mon logement de Ruel et je ne sais comment je pourray faire, je pourray bien loger ma personne en la chambre où j'ai accoutumé de manger en l'accommodant, mais il faudra que tous mes gardes couchent en un nouveau bastiment où j'ay peur qu'ils tombent tous malades; je puis bien loger chez M. de Bullion mais je ne sçay comme logera toute ma famille et où se pourront faire mes cuisines, il faudra prendre les logis du devant.

Je crois que ce dernier party sera le meilleur et je vous prie d'avertir M. de Bouelle de faire mettre de bons chassis partout, autrement il me faudrait toujours demeurer à Paris ce qui serait réellement contraire à mon humeur. »

Du 21 septembre 1642.

« Forces gens me desconseillent d'aller à Ruel passer l'hiver dans un autre logis que le mien. Pour moy je me desconseille de le passer tout à fait à Paris et prends résolution de le passer à Ruel. »

Dans une note de la main du Cardinal on lit : « La solitude de Ruel m'est meilleure que l'accablement de Fleury. »

1631. — En octobre de grandes fêtes eurent lieu à Ruel à l'occasion du baptême d'un neveu du cardinal, Armand de Wignerod de Pontcourlay. Le Cardinal et sa nièce acceptèrent d'en être les parrain et marraine. Richelieu, dit Tallemant des

Réaux, voulant se divertir à cette occasion, fit venir à la campagne le célèbre joaillier Lopez disant qu'il voulait faire quelques présents à ses nièces. Le tailleur de diamants arriva donc avec toutes ses pierreries et le Cardinal en choisit en effet plusieurs. Mais le soir, comme le bonhomme s'en retournait à Paris par une nuit noire et dans le carrosse du chancelier qui avait bien voulu le reconduire avec toutes ses valeurs, la voiture fut arrêtée par une bande de faux voleurs qui déclarèrent n'en vouloir qu'à la cassette de Lopez. Il y allait de tout son bien, dit le conteur, aussi la peur fut-elle si grande qu'il fallut le changer de chemise au pont Neuilly, le chancelier assura cependant qu'il s'était présenté d'abord aux voleurs assez hardiment. Mais le Cardinal en apprenant que le pauvre homme avait failli mourir de peur fut au regret de lui avoir fait jouer ce vilain tour, et pour se raccommoder avec lui, il le fit manger à sa table ce qui n'était pas un petit honneur.

1632.—C'est dans une salle du château à Ruel que fut jugé le procès du maréchal de Marillac, on le condamna à mort le 8 mai 1632 après une longue instruction. Marillac était un petit gentilhomme, ancien soldat d'Henri IV qui ayant eu la charge des vivres dans l'armée du duc d'Angoulême en Champagne s'était livré à des malversations impudentes, en 1629 il avait été nommé maréchal au siège de Privas, mais dit le père Lemoine il était un des principaux agents de la faction qui allait faire entrer Monsieur dans le Royaume les armes à la main. Deux motifs amenèrent la fin tragique de Marillac; ses malversations et la nécessité d'intimider par un grand exemple les partisans de la Reine mère. Richelieu dans son testament politique dit au Roi : « Vous fîtes trancher la tête au maréchal de Marillac avec d'autant plus de raison qu'ayant été condamné en justice, la Constitution présente de l'État requérait un grand exemple. »

1634. — Le Cardinal qui avait fait proposer au Duc d'Orléans une amnistie générale, de nouvelles pensions et un brevet de duc pour son principal affidé Antoine de Lange, seigneur de Puylaurens, reçut le 22 octobre 1634 à Ruel la visite de Gaston qui avait offert sa soumission au Roi. La veille, dit la Gazette du xxvi octobre, Monsieur était à Saint-Germain, le cardinal Duc arrivant de Ruel y entre aussitôt après où il salue Monseigneur qui l'embrassa avec grand témoignage de bonne volonté et le Roy ayant dit à Monseigneur son frère : « Mon frère, je vous prie d'aimer M. le Cardinal. » Monseigneur lui répondit : « Je l'aimerai comme moy même et suis résolu de suivre ses conseils. » Il fut traité le lendemain à Ruel par le cardinal Duc chez lequel il voulut aller de son propre mouvement où il fut reçu avec toute la magnificence qu'on peut imaginer, les santés du Roy, de Monseigneur et de son Éminence ne furent pas oubliées et il retourna le soir à Saint-Germain. Richelieu, qui connaissait le goût du Prince pour les divertissements, donna à l'occasion de cette réconciliation une fête brillante, comédie, collation et ballet. Il y avait au château un théâtre où le Cardinal aimait à faire représenter des pièces à machines avec des appareils nouvellement apportés d'Italie ou à faire jouer des comédies dont il avait composé les tirades qu'il donnait à arranger aux cinq auteurs, on appelait ainsi Bois Robert, Colletet, L'Étoile, Corneille et Rotrou, mais pour la fête donnée à Monsieur il avait fait seul toute une comédie qui était ridicule, dit Tallemant, car il voyait bien les choses, mais ne les entendait pas bien et cependant il voulait la faire jouer. On fit agir Bois Robert pour empêcher que cela ne parut. Le lendemain Bois Robert voulut prendre un biais pour arriver à ce but mais le Cardinal qui s'en aperçut dit : « Apportez une chaise à Le Bois (surnom familier qu'il donnait à Bois Robert), il veut prêcher. » M. Chapelain après lui, fit quelques remarques sur cette comédie, elles étaient aussi douces que possible, cependant l'Éminentissime déchira la pièce et on joua une autre pièce du Cardinal : la « Comédie des Tuileries » à laquelle Corneille avait beaucoup coopéré et qui eut le plus grand succès. Le même fait est rapporté dans l'histoire du Théâtre français de Parfait. Le Cardinal faisait composer les vers de ces pièces qu'on nommait alors pièces des cinq auteurs par cinq personnes différentes, distribuant à chacun un acte et achevant par ce moyen une comédie en un mois. Outre la pension ordinaire qu'il leur donnait, il faisait quelques libéralités considérables quand ils avaient réussi à son gré. Ainsi M. Colletet, m'a assuré que lui ayant porté le Monologue des Thuileries il s'arrêta particulièrement sur deux vers de la description du Quarré d'Eau en cet endroit où l'on voit :

> La cane s'humecter de la bourbe de l'eau,
> D'une voix enrouée et d'un battement d'aile
> Animer le canard qui languit auprès d'elle.

et qu'après avoir écouté tout le reste il lui donna de sa propre main cinquante pistoles avec les paroles obligeantes, que c'était seulement pour ces deux vers qu'il avait trouvés si beaux, que le Roy n'était pas assez riche pour payer tout le reste. Aubery raconte aussi cette anecdote mais, d'après l'histoire de l'Académie c'est soixante pistoles que le Cardinal aurait données à Colletet pour six vers que le poète confirme par cette épigramme connue :

> Armand, qui pour six vers m'a donné six cents livres,
> Que ne puis-je, à ce prix, te vendre tous mes livres?

Il n'est pas question ici du Colletet crotté de Boileau, celui-là c'est François fils de Guillaume, le Colletet aux soixante pistoles, l'homme facilement prince des poètes, dit Tallemant des Réaux.

Les poètes et les comédiens faisaient de longs séjours à Ruel.

> Donc ce grand Cardinal que le Tibre désire,
> Que la Seine retient, que tout le monde admire,
> Richelieu, dont l'esprit pénètre l'univers,
> Est épris de la Muse et ravi de nos vers...

Le cardinal de Retz dit dans ses mémoires que les comédiens qui jouaient le soir à Ruel chez le Cardinal n'arrivèrent à Saint-Cloud qu'excessivement tard.

« Il n'y a rien ici de nouveau, écrivait le Cardinal au Roi à Saint-Germain, en ce qui concerne les affaires publiques. Quant aux affaires particulières vos serviteurs ne pensent qu'aux mariages et aux comédies. » Puis de la même plume, il ordonnait à l'ambassadeur de Gènes d'envoyer trois parasols de dames, l'un rouge, l'autre violet, et le troisième bleu, des plus beaux et des plus légers qui se fassent à Gènes avec de petites dentelles d'or sur les coutures. (Comte Bonneau Avenant.)

« Nous étions, dit Mademoiselle de Montpensier, toutes vêtues de couleurs vives, montées sur de belles haquenées richement caparaçonnées et avec une quantité de plumes sur nos chapeaux pour nous garantir du soleil, la chasse était souvent dirigée sur Ruel où se tenait toujours le Cardinal quand le Roi était à Saint-Germain et on trouvait là de belles collations et de nouveaux plaisirs. »

Un conseil eut lieu à Ruel le 30 novembre 1633 en présence de Louis XIII. Celui-ci sollicité par son secrétaire Michel Lucas n'était que trop disposé à sévir contre Urbain Grandier et il arriva au conseil avec l'intention bien arrêtée d'en finir avec les diables de Loudun et de laisser le Cardinal mener l'affaire à sa guise. A ce conseil qui devait décider du sort du malheureux Grandier assistaient outre le Roi et le cardinal, le chancelier Séguier, le surintendant Bouthilier de Chavigny, le secrétaire d'État Phélippeaux de la Vrillière, le Père Joseph et Laubardemont. D'après le rapport du chancelier Séguier, La Vrillière délivra un ordre d'arrêter ledit Urbain Grandier. (Dr Legué, Urbain Grandier et les religieuses de Loudun.)

1635. — Ce fut à Ruel que les statuts de l'Académie française furent autorisés. On députa, écrit Pellisson, les trois officiers de l'Académie avec M. Bois Robert. J'ai ouï dire à M. Conrart qui était de cette députation comme officier qu'il n'avait jamais ouï mieux parler que fit le Cardinal en cette rencontre. (Registres de l'Académie, 5 février 1635.)

Le 1er août de la même année un traité fut conclu entre Louis XIII et la ville impériale de Colmar qu'il prend en protection. Ce traité fut fait à Ruel et les articles furent convenus et arrêtés entre M. Bouthilier, conseiller du Roi en ses conseils, secrétaire d'État des commandements et finances, grand trésorier de ses ordres et chancelier de M. le duc d'Orléans frère du Roi et de Jean Henri Mogg, syndic et député de la ville impériale de Colmar vers S. M. et chargé d'un pouvoir spécial par les magistrats et consul de la ville.

Tallemant des Réaux, dans les historiettes, parle souvent des personnes que Richelieu recevait à Ruel. Un jour le Roi présenta le baron de Languedoc à Ruel au Cardinal, le Baron avait trouvé une sorte de boulet creux qui se remplissait de poudre à canon et qui, avec une certaine mèche qui s'allumait, quand on tirait, crevait en terre et faisait quasi autant d'effet qu'une mine.

En allant à Ruel où il fallait aller en tout temps et l'hiver, Bullion disait toujours : « Faisons printemps, c'est-à-dire bouclons la portière du vent », les carrosses avaient des mantelets de cuir comme les tapissières, on ne prenait pas encore la précaution de fermer une voiture avec des glaces.

Le cardinal de Richelieu, qui avait trouvé M. de Belley plaisant, l'envoyait quelquefois quérir, même de Ruel quand il était las de Bois Robert et de tous les autres divertissements, car bien souvent il lui est arrivé de dire à Bois Robert ! Ah ! mon Dieu ! le méchant bouffon ! mais ne sauriez-vous me faire rire !

Citois, médecin du Cardinal et Bois Robert se servaient l'un l'autre. Une fois à à Ruel, Bois Robert était mal avec le Cardinal pour quelque chose dont il l'avait trop pressé. L'Éminentissime, las de l'entretien de quelqu'un qui l'avait fort ennuyé, demanda à Citois : « qui est là-dedans ? Il n'y a, dit Citois, que le pauvre Bois Robert, je l'ai trouvé tantôt dans le parc qui allait se jeter dans l'eau si je ne l'eusse empêché » ; faites-le venir, dit le cardinal. Bois Robert vint et lui fit des contes ; ils furent meilleurs amis que jamais, aussi Citois disait toujours au Cardinal : « Tous mes remèdes ne feront rien s'il n'y entre un peu de Bois Robert. » Je n'ai plus rien à vous ordonner que deux drachmes de Bois Robert après le repas.

Fontrailles, homme de qualité du Languedoc, bossu devant et derrière et fort laid de visage mais qui n'avait pas la mine d'un sot, s'appelait Louis d'Astorac, vicomte de Fontrailles ; il se trouvait avec Rumigny et d'autres dans l'antichambre du Cardinal, à Ruel ; on vint dire que je ne sais quel ambassadeur venait, le Cardinal sort au devant de lui dans l'antichambre et ayant trouvé Fontrailles, il lui dit le raillant un peu fortement : Rangez-vous M. de Fontrailles, ne vous montrez point, cet ambassadeur n'aime pas les monstres. Fontrailles grinça les dents et dit en lui-même : Ah Schelme, tu me viens de mettre le poignard dans le sein, mais je te l'y mettrai à mon tour où je pourrai. Après, le Cardinal le fit entrer et goguenarda avec lui pour racommoder ce qu'il avait dit, mais l'autre ne lui a jamais pardonné.

1637. — L'un de ces jours de caresme, écrit Aubory, la duchesse d'Aiguillon estant allée voir Monsieur son oncle à Ruel et dans l'entretien, Son Eminence luy ayant demandé qui estoit son prédicateur ordinaire, elle luy dit qu'elle en avait ouy plusieurs dont les sermons ne produisaient le plus souvent d'autre fruit que l'applaudissement ou le blâme des auditeurs mais qu'elle en oyoit un depuis huit jours qui touchoit si vivement les cœurs qu'au sortir de ses prédications, les moins sensibles se trouvaient tout changés et ne parlaient plus que de pénitence. Monsieur le Cardinal ayant eu la curiosité de sçavoir qui c'était, elle lui dit que c'était Monsieur Pavillon, prestre de la Mission. Ce qui laissa une bonne impression de luy à Son Éminence; laquelle ayant donné ordre à trois personnes différentes de s'informer plus particulièrement de sa vie et de ses mœurs et recommandé le secret; leurs rapports se trouvèrent tous conformes à ce qu'en avaient desjà dit la Duchesse d'Aiguillon et entièrement à l'avantage d'un si digne sujet, dont son Éminence prit ensuite le nom et l'écrivit sur ses tablettes afin de s'en pouvoir souvenir à la première occasion. Peu de temps après, l'évêché d'Alet estant venu à vaquer, Monsieur le Cardinal, n'en eut pas plustot receu l'avis qu'il fut trouver le Roy à Saint-Germain pour luy représenter que cet évêché demandait particulièrement un homme de bien. Et comme Sa Majesté eut incontinent témoigné un grand désir de trouver un sujet tel qu'il faloit pour dignement remplir cet évêché, Son Éminence lui dit qu'au séminaire de Monsieur Vincent il y avait un bon ecclésiastique, lequel il estimait avoir les qualités nécessaires pour cela. Ce qui fut en même temps approuvé par le Roy et le brevet ayant été aussitôt expédié, Son Éminence l'emporta avec elle à Ruel et donna charge de mander à M. Pavillon qu'il la vinst trouver. Monsieur Vincent lui conseilla d'obéir et d'aller librement à Ruel. Son Éminence eut soin de luy faire venir ses bulles, les paya de ses deniers propres et luy fit présent d'un carrosse et d'un équipage convenable à sa nouvelle dignité.

1637. — Beaucoup d'actes et de lettres furent signés à Ruel, un contrat de quinze cents livres de revenu à l'hospice de Québec y fut passé le 16 août 1637 pour fonder un hôpital en faveur des sauvages du Canada.

1638. — La chapelle du château de Ruel vit le mariage de l'acteur Jacob dit Montfleury avec Jeanne de la Chalpe, veuve de Pierre Rousseau Duclos écuyer, comédien de l'hôtel de Bourgogne. Montfleury joua d'original dans le Cid et dans les Horace; Chappuzeau qui nous indique le fait le cite comme un comédien parfait dès ce temps-là. Voici ses propres termes (Livre III de son Théâtre français 1674). Les comédiens ne commencèrent à entrer en réputation que sous le règne de Louis XIII lorsque le grand cardinal de Richelieu, protecteur des muses, témoigna qu'il aimait la comédie. Le mariage de Montfleury fut remarquable par deux circonstances assez singulières, l'une que le Cardinal voulut que la noce se fît dans sa maison de campagne à Ruel, l'autre que Montfleury était si fort entêté de la comédie qu'il exigea que l'on joignît dans le contrat ce nom de Montfleury à celui de sa famille et qu'on ne lui donna pas d'autres qualités que celle de comédien du Roi.

4 mai. — L'abbé de Saint-Cyran avait été arrêté le 4 mai 1638; M. d'Andilly courut à madame d'Aiguillon pour implorer son secours et son intervention auprès de son oncle; elle y consentit et alla attendre le Cardinal à Ruel, elle prit son temps pour lui parler de M. de Saint-Cyran. Après les premiers mots le Cardinal inter-

rompu par une visite qui survint lui donna à lire quelques-uns des papiers qui se rapportaient à cette affaire et qui étaient sur la table. Richelieu entra avec elle dans quelques explications et la renvoya pour plus ample informée à M. Vincent et au conseil de M. Condren (Père Rapin).

Vers cette époque Blaise Pascal, alors âgé de 15 ans, fut présenté à Ruel au cardinal de Richelieu avec ses sœurs Gilberte et Jacqueline par leur père Etienne Pascal ; il prit à M. le Cardinal une fantaisie de voir représenter une comédie par des enfants. Mme la duchesse d'Aiguillon jeta les yeux sur Jacqueline qui n'avait que 13 ans. — Ma mère qui était pleine de douleur à cause de l'exil de mon père répondit fort naturellement que M. le Cardinal ne lui donnait pas assez de plaisir pour qu'elle pensât à lui en faire. Ma mère toutefois y consentit ; quant à la représentation, M. le Cardinal parut y prendre grand plaisir surtout quand je parlais, écrit Jacqueline. Dès que la comédie fut jouée, je descendis du théâtre et je récitai au Cardinal mon placet :

> Ne vous étonnez pas, incomparable Armand,
> Si j'ai mal contenté vos yeux et vos oreilles,
> Mon esprit agité de frayeurs sans pareilles
> Interdit à mon corps et voix et mouvement.
> Mais pour me rendre ici capable de vous plaire,
> Rappelez de l'exil mon misérable père :
> C'est le bien que j'attends d'une insigne bonté,
> Sauvez cet innocent d'un péril manifeste.
> Ainsi vous me rendrez l'entière liberté
> De l'esprit et du corps, de la voix et du geste.

Allez, me dit le Cardinal, je vous accorde tout ce que vous me demandez, écrivez à votre père qu'il revienne en toute sûreté. Grâce au succès de Jacqueline, son père fut rappelé d'exil et nommé à Rouen comme intendant de Normandie.

La même année 1638 vit mourir à Ruel un étranger qui fut enterré dans l'église, on grava sur sa tombe l'épitaphe suivante :

> Ci git du roi d'Éthiopie
> L'original ou la copie.
> La mort a fini les débats
> S'il l'était ou s'il ne l'était pas.

Une autre version porte :

> Ci gist le roi d'Éthiopie :
> Soit original soit copie
> La mort a vuidé les débats
> S'il fut bien roi ou s'il ne le fut pas.

Zaga Christ, dont les mémoires du temps et Tallemant des Reaux ont parlé, se disait cousin du Roi d'Abyssinie et fils de ce dernier Roi mort dans une guerre civile plusieurs années auparavant. Dès l'âge de 18 ans il appela à lui tous les mécontents et commença une nouvelle guerre pour reprendre le trône. Il fut vaincu et dut se réfugier en Egypte puis s'enfuit à Jérusalem d'où il passa à Rome; il se lia avec le duc de Créqui qui l'emmena à Paris, il fut présenté au Roi, au Cardinal, au Père Joseph. Il se lança avec ardeur dans les cabales de la cour et dans les aventures de toutes sortes. Ces excès devaient user promptement un étranger qui n'y était pas habitué. Il mourut à 28 ans après avoir lutté dix ans et être resté trois ans à Paris.

Le 18 décembre 1638 mourut aussi à Ruel dans un des pavillons situés au bout de la terrasse du château, le Père Joseph, à l'âge de 61 ans, après en avoir passé quarante dans l'ordre de Saint-François. Le Père Joseph, dit son historien l'abbé Richard, était fils de B. Leclerc du Tremblay, président aux requêtes et ambassadeur à Venise, il avait été tenu sur les fonts du baptême par le duc d'Alençon et la duchesse d'Angoulême; dans sa jeunesse il était un brillant seigneur, il s'appelait le baron Masflée. Après avoir vu la cour d'Elisabeth, après avoir visité l'Allemagne et l'Italie, il fit la guerre sous le duc de Montmorency et entra dans les ordres à 19 ans. Le cardinal de Richelieu, lorsqu'il n'était encore qu'évêque de Luçon, l'avait remarqué; dans une lettre du 29 août 1624 il le priait de venir au plus vite partager le maniement des affaires, une grande quantité de dépêches écrites de sa main sont datées de Ruel dans les années 1635 et 1637, il avait le département des affaires étrangères.

1642. — Le cardinal de Richelieu méditait l'établissement d'un séminaire d'évêques, il résolut d'avoir auprès de lui ces solitaires qui sous la conduite de M. Olier venaient de s'établir à Vaugirard. Dans ce dessein, il donna ordre à la duchesse d'Aiguillon sa nièce, d'aller les trouver de sa part, de leur témoigner l'estime qu'il faisait de leur mérite, d'y ajouter qu'il était extrèmement édifié de leur retraite, mais qu'il voulait être pour quelque chose dans leur établissement et que, sachant combien ils étaient mal logés, il leur offrait son château de Ruel pour faire leurs exercices dans la solitude et avec une entière liberté, promettant d'appuyer leurs desseins de tout son crédit et même de l'autorité du Roi qui leur était assurée. Ils prièrent la duchesse d'Aiguillon qu'étant venus se fixer à Vaugirard pour y vivre dans la solitude, il leur serait bien difficile de suivre leur attrait dans la maison et dans la compagnie d'un premier ministre et qu'ils suppliaient humblement Son Eminence avec toutes les instances dont ils étaient capables, de les laisser dans le lieu qu'ils occupaient précisément parce qu'il était pauvre et caché. (M. Olier prêcha une mission à Ruel.)

En 1642 le Cardinal de retour de ce voyage dans le Midi, qu'il avait fait en litière, avait remonté le Rhône, la Loire et était arrivé à Paris par la Seine; sachant, dit

3

Montglat, que la cour était à Saint-Germain, il se fit porter directement à Ruel. La Reine en apprenant son arrivée alla le voir; mais malgré tout le désir qu'il en avait, il était si fatigué qu'il ne put quitter son fauteuil pour la recevoir. Voulant alors s'en excuser en badinant, il lui dit que les cardinaux en Espagne avaient le fauteuil devant la Reine. Mais Anne d'Autriche, toujours hautaine avec lui, lui répondit qu'Elle avait oublié les coutumes d'Espagne et qu'Elle était toute française. (Tallemant des Réaux.)

Le Cardinal quitta Ruel pour aller retrouver le Roi à Fontainebleau à la fin d'octobre 1642; mais il eut là de nouveaux accès de fièvre, il revint directement à Paris, et le jeudi 4 décembre 1642, il mourut à l'âge de 57 ans.

DUCHESSE D'AIGUILLON

DUCHESSE D'AIGUILLON

(1642 a 1675)

Je donne et lègue à Mme la Duchesse d'Aiguillon ma nièce, fille de défunt René de Wignerod et de dame Françoise de Richelieu, ma sœur aînée, pour tous les droits qu'elle pourrait avoir et prétendre en tous les biens de ma succession et en ce que je l'institue mon héritière... Ma maison et terre de Ruel et tout le bien-fonds que j'ai et aurai au dit lieu, à la charge qu'après son décès, ma maison de Ruel avec ses appartenances et droits, reviendra à celui des enfants mâles de mon neveu de Pont de Courlay qui sera mon héritier et qui portera le nom et les armes de Richelieu.

Tels étaient les termes du testament du Cardinal qui rendaient Madame la Duchesse d'Aiguillon propriétaire du domaine de Ruel à la mort du Cardinal, 4 décembre 1642.

Madame la Duchesse d'Aiguillon se plut à habiter Ruel et à l'embellir, ses dépenses montèrent à plus de 250,000 livres. Madame de Motteville raconte en ses mémoires le séjour que fit à Ruel Anne d'Autriche au printemps de l'année 1644 :

Quand la belle saison eut convié les princes à quitter les plaisirs de la cour pour les fatigues de la guerre, la Reine trouva à propos d'aller chercher le frais hors de Paris. Elle voulut passer les grandes chaleurs à Ruel chez la Duchesse d'Aiguillon. Cette maison est connue de par le voisinage de Paris et fort agréable par la beauté des jardins et par la quantité des sources qui y sont naturelles.

Pendant tout le séjour de la régente à Ruel, Mme d'Aiguillon tint table ouverte et reçut les plus beaux esprits du temps.

La Reine se plut dans ce lieu où son ennemi le cardinal de Richelieu avait si longtemps reçu les adorations de toute la France. Ce ne fut pas néanmoins pour ce motif qu'elle le choisit; elle avait l'âme trop belle pour vouloir troubler le repos des morts par un si petit triomphe.

Ce fut pour obliger sa nièce la Duchesse d'Aiguillon et lui donner quelques marques de sa protection royale contre M. le prince de Condé avec qui elle avait de grands différends à démêler. Mais il est à présumer que la Reine, tout en agissant par générosité, eut néanmoins quelque joie de se voir en état de faire du bien, par sa seule présence, à ceux qu'elle croyait lui avoir fait tant de mal.

Regardant le portrait du cardinal de Richelieu, la Reine dit à ceux qui l'entouraient : « Si cet homme avait vécu jusqu'à cette heure, il aurait été plus puissant que jamais. » La Reine faisait voir par là, dit l'abbé Arnault dans ses mémoires que malgré les grands démêlés qu'il y avait eus entre eux, elle aurait préféré le bien des États à ses ressentiments et continué de se servir des conseils de ce grand génie.

Pendant qu'elle fut dans ce lieu délicieux, elle se divertissait à se promener le soir, tandis que la signora Léonor virtuose que le Cardinal avait fait venir d'Italie et qui avait la voix fort belle, chantait, accompagnée de quelques instruments cachés dans les bosquets. Elle prenait ainsi tous les plaisirs innocents que la beauté et la commodité de ce lieu lui pouvaient permettre.

Un jour qu'elle se promenait dans les allées du jardin en calèche, elle remarqua Voiture qui rêvait en se promenant. Cet homme avait de l'esprit et par l'agrément de sa conversation, il était le divertissement des belles ruelles des dames qui font profession de recevoir bonne compagnie.

La Reine, pour faire plaisir à Mme la princesse qui était assise auprès d'elle et qui aimait le poète, lui demande à quoi il pensait. Alors Voiture, sans beaucoup y songer, fit ces vers burlesques pour répondre à la Reine qui ne s'offensa pas de cette raillerie :

> Je pensais que la destinée
> Après tant d'injustes malheurs
> Vous a justement couronnée
> De gloire, d'éclat et d'honneurs ;
> Mais que vous étiez plus heureuse
> Lorsque vous étiez autrefois
> Je ne veux pas dire amoureuse!
> La rime le veut toutefois.
>
> Je pensais que ce pauvre amour
> Qui toujours vous prêta ses armes,
> Est banni, loin de votre cour,
> Sans ses traits, son arc et ses charmes ;
> Est-ce que je puis profiter,
> En passant près de vous ma vie,
> Si vous pouvez si maltraiter
> Ceux qui vous ont si bien servie?
>
> Je pensais, car nous autres poètes
> Nous pensons extravagamment
> Ce que dans l'humeur où vous êtes
> Vous feriez si dans ce moment
> Vous avisiez à cette place
> Venir le duc de Buckingham
> Et lequel serait en disgrâce
> De lui ou du père Vincent.
>
> Je pensais que si le Cardinal,
> J'entends celui de La Valette,
> Pouvait voir l'éclat sans égal
> Dans lequel maintenant vous êtes ;

J'entends celui de la beauté.
Car auprès je n'estime guère,
Cela soit dit sans vous déplaire,
Tout celui de votre majesté;
Que tant de charmes et d'appas,
Qui naissent partout sous vos pas,
Et vous accompagnent sans cesse
Le feraient pour vous soupirer;
Et que madame la princesse[1]
Aurait beau s'en désespérer.

Je pensais à la plus aimable
Qui fut jamais dessous les cieux;
A l'âme la plus admirable
Que jamais formèrent les Dieux;
A la ravissante merveille
D'une bouche sans pareille,
La plus belle qui fut jamais;
A deux pieds gentils et bien faits,
Où le temple de l'amour se fonde;
A deux incomparables mains,
A qui les Dieux et les Destins
Ont permis l'empire du monde,
A cent appas, à cent attraits,
A dix mille charmes secrets;
A deux beaux yeux remplis de flamme
Qui rangent tout dessous leurs lois;
Devinez sur cela, Madame,
Et dites à qui je pensois.

Madame de Motteville, qui tenait cette pièce de la Reine, en a inséré trois stances dans ses mémoires; elle aura cru devoir retrancher ce qui portait une teinte de galanterie un peu trop prononcée.

La pièce a été retrouvée entière à la Bibliothèque de l'Arsenal par M. de Montmerqué dans un manuscrit de la marquise d'Uxelles, elle a été publiée dans les œuvres de Voiture, dans le siècle de Louis XIV de Voltaire, édition de M. Beuchot; dans un article de la *Revue française* du 20 mars 1855 M. E. d'Auriac a donné une variante copiée d'après le manuscrit de Huet et du père Griffet.

« Le lundi 27 juin 1644, M. de Breteuil me vint voir, écrit dans son journal Olivier Lefèvre d'Ormesson, et me dit qu'il avait été à Ruel où la Reyne estait, à qui l'on faisait entendre toute sorte de musique ce qui le divertissait fort; que la duchesse d'Aiguillon estoit plus en faveur que jamais et que le cardinal de Mazarin estoit logé dans la basse-cour et avait obligé Mademoiselle d'en sortir et d'aller

---

1. Charlotte de Montmorency, princesse de Condé, 1650, mère du Grand Condé.

dans le bourg, que la Reine mère avait convié le cardinal de s'asseoir auprès d'Elle dans son petit chariot mais que sagement il l'avait refusé... que le cardinal était auprès d'Elle à la promenade couvert dont tout le monde était étonné. »

La cour resta six simaines à Ruel, une émeute qui éclata dans les faubourgs de Paris rappela la Reine à Paris.

La Duchesse avait offert l'hospitalité à son amie la Baronne du Vigean qui pleurait la mort de son fils tué au siège d'Arras à 22 ans; ce fut sous les ombrages de Ruel qu'aidée des conseils de la Duchesse, la belle Mademoiselle du Vigean prit la résolution d'entrer aux Carmélites. Le Duc d'Enghien et Mlle du Vigean s'aimaient. Jamais, dit Lenet, amour ne fut plus passionné de la part du Prince ni écouté avec plus de conduite, d'honnêteté et de modestie de la part de Mlle du Vigean. Quand il partait pour l'armée, écrit Mademoiselle, le désir de la gloire ne l'empêchait pas de sentir la douleur de la séparation et il ne pouvait lui dire adieu qu'il ne répandit des larmes. En vain le Duc qui était marié avait fait les démarches nécessaires pour faire casser son mariage; leurs amours furent sans espérance et le Duc ne chercha point à revoir la carmélite; mais dit Lenet, il conserva toujours pour elle un souvenir vertueux et doux.

Au printemps de 1645 la Duchesse reçut à Ruel parmi de nombreux amis la Marquise de Rambouillet et sa fille, la belle Julie d'Augennes, le Marquis de Montausier fut aussi du voyage; quatorze ans de cour assidue n'avaient pas diminué son amour.

Ce fut aux instances de la Duchesse que Mademoiselle de Rambouillet accorda sa main à M. de Montausier. Madame d'Aiguillon, dit Tallemant des Réaux, en lui représentant la passion du cavalier lui disait : ma fille, ma fille, il n'y a rien de tel devant Dieu, cela donne dévotion. La Duchesse voulut que les noces se fissent à Ruel dans sa maison-fée, comme dit La Mesnardière et, par une rencontre plaisante, celui qu'on appelait autrefois le nain de la Princesse Julie (M. de Grasse Godeau), fut celui-là même qui les épousa le 15 juin 1645 dans la chapelle du château.

Les vingt-quatre violons ayant su que Mlle de Rambouillet se mariait, vinrent d'eux-mêmes lui donner une sérénade et lui dire qu'elle avait fait tant d'honneur à la danse qu'ils seraient bien ingrats s'ils ne lui en témoignaient quelque reconnaissance. Les fêtes furent brillantes, elles durèrent plusieurs jours.

Un vent de fronde
S'est levé ce matin,
Je crois qu'il gronde
Contre le Mazarin

disait le *Nouvelliste Barillon* en rendant compte de l'agitation des esprits en 1648. Madame de Motteville raconte que le mercredi 26 août éclata la journée des barricades qui commença la guerre civile. La duchesse d'Aiguillon offrit alors à la Reine sa maison de Ruel et alla s'y établir pour l'y recevoir.

Veüe du bout de la grande allée de la grande Cascade de Ruel ou se voit en perspective la grotte de Rocaille.

Israel Silvestre delin.   Perelle sculp.

1648. — Le 14 septembre, Anne d'Autriche dit tout haut à son cercle « qu'elle voulait aller faire un petit voyage à Ruel chez la duchesse d'Aiguillon, mais seulement pour le temps nécessaire à la purification de l'air du Palais Royal où sévissait la petite vérole. » Le lendemain, sans faire plus de bruit, le Roi accompagné du Cardinal et de quelques gardes seulement, partit pour Ruel à six heures du matin, et par cette promptitude, on ôta au parlement le moyen de s'opposer à son éloignement. La Reine, qui était restée toute la journée à Paris pour favoriser la retraite de son fils, se montra en carrosse dans les rues avant de partir pour le rejoindre.

Les affaires étant en l'état où elles étaient, la Reine résolut de tirer Monsieur de Paris où il était resté malade de la petite vérole ; mais pour attraper les Parisiens qui étaient tous ravis d'avoir ce précieux gage entre leurs mains, elle donna l'ordre à Beringhen, premier écuyer, d'aller modestement faire cette conquête sur eux. Il part de Ruel et vient à Paris comme tous ceux de la cour y venaient tous les jours. Étant arrivé il prend un carrosse à deux chevaux et va au Palais Royal faire visite à ce petit Prince. Il le prit entre ses bras, le cacha dans le derrière de son carrosse et le mena jusqu'à Longchamps. Il le mit ensuite dans un bateau pour le passer à l'autre bord de la rivière où un carrosse du Roi l'attendait qui le menait à Boisenval (Buzenval), proche de Ruel. La Reine alla le voir le lendemain et le ramena avec elle auprès du Roi avec intention de changer ensuite de demeure et d'aller à Saint-Germain où la cour se trouverait séparée de Paris par trois bras de rivière.

Dès qu'elle fut arrivée à Ruel où madame d'Aiguillon la reçut avec magnificence, elle donna l'ordre à Châteauneuf et à Chavigny de quitter Paris, parce que c'étaient eux que le Cardinal soupçonnait d'inspirer au parlement cet esprit de révolte qui faisait tant de mal à la France.

Enfin le 22 septembre, le parlement décida qu'une députation serait envoyée à Ruel pour demander à la Reine de vouloir bien ramener le Roi à Paris.

J'étais allée à Ruel de grand matin, dit madame de Motteville, pour voir la Reine ; je la trouvai à sa toilette, s'habillant tranquillement sans rien savoir encore de ce que le parlement voulait faire. J'allai dîner chez la duchesse d'Aiguillon qui tenait une grande table toujours prête à recevoir les personnages qui venaient faire leur cour au Roi et à la Reine. A mon retour chez la Reine je la trouvai au milieu de son cercle. Sur les trois heures après midi les députés arrivèrent à Ruel, avec une fierté qui tenait un peu de la bravade. Mme la Princesse qui aimait Chavigny, de qui elle avait reçu mille petits services du temps du Cardinal de Richelieu, me prit par la main et me conduisit à la fenêtre pour voir entrer dans la cour tous ces barbus de longue robe. Cette députation ne lui déplaisait pas, elle dit qu'ils avaient bonne mine.

La harangue du premier président Molé fut courte, il dit à la Reine : qu'il était venu de la part de sa compagnie pour supplier Sa Majesté de vouloir bien revenir et ramener le Roi dans sa bonne ville de Paris, parmi ses fidèles sujets ; que l'absence du Roi avait paru à leurs yeux plutôt comme un rapt que comme un voyage, étant sorti le matin sans bruit et sans gardes; que le soleil éclipsé, il ne restait que des ténèbres et qu'il était à craindre que son absence ne causât de grands désordres. Il se plaignit de l'emprisonnement de Chavigny et pria la Reine de trouver bon que le parlement s'assemblât pour travailler à la réforme de l'État. La Reine répondit qu'elle s'étonnait de voir les Rois privés du privilège dont jouissaient les particuliers, de pouvoir aller l'été à la campagne; qu'elle était sortie du Palais Royal pour le faire aérer après la petite vérole de son fils, qu'elle était résolue de retourner à Paris, mais quand il lui plairait, qu'elle ne trouvait pas leurs demandes justes ni leurs assemblées légitimes.

Le lendemain 23 septembre, le Roi fit défendre au parlement de s'assembler, et dans la nuit, beaucoup de personnes quittèrent Paris.

Le 24 au matin, la Reine quitta Ruel pour Saint-Germain qui offrait plus de sûreté en cas d'attaque.

En 1649, la Reine qui habitait encore Saint-Germain, apprenant que le parlement voulait lui envoyer une seconde députation, désigna le château de Ruel pour recevoir le parlement. Après de nombreux pourparlers, le 12 mars, la paix fut signée à Ruel.

Il fut arrêté : 1° que le quart des tailles serait supprimé;

2° Que la liberté serait rendue aux prisonniers et aux exilés;

3° Que le Roi retournerait à Paris;

4° Qu'il ne serait permis d'emprisonner aucun citoyen qu'il ne fût au pouvoir de ses juges de l'interroger dans les 24 heures.

5° Qu'il ne serait jamais établi d'impôt sans être enregistré au parlement.

La Duchesse d'Aiguillon avait été en 1640 une des fondatrices de l'établissement des filles de la Croix (ordre réformé de Saint-Dominique) chargé de l'éducation des jeunes filles. Elle fit le 18 septembre 1644 une donation spéciale de dix-huit cent cinquante-cinq livres de revenu pour l'établissement à Ruel d'une maison des filles de la Croix. Trois cents livres de rente étaient dues par les sœurs de la même congrégation de Paris à ladite maison de Ruel à charge d'établir une école pour enseigner et instruire les filles de la paroisse suivant un acte de 1651. On voit dans les registres du parlement de Paris le 7 septembre 1656 la confirmation de l'établissement des sœurs de la société de la Croix fait à Ruel et le 27 août 1675 l'enregistrement des lettres patentes en faveur des sœurs de cette congrégation portant confirmation de leur établissement au bourg de Ruel.

Louis XIV, qui se rappelait la magnificence des jardins et des cascades de Ruel, fit demander par Colbert à la Duchesse d'Aiguillon de lui vendre Ruel. La Duchesse fit dresser un mémoire des dépenses que le Cardinal avait faites à Ruel et de celles qu'elle-même avait ordonnées, elle les adressa à Colbert avec la lettre suivante :

« Je ne puis jamais témoigner mon obéissance dans une occasion qui marque mieux mon respect infini pour les volontés de S^e Majesté qu'au sujet dont il s'agit n'ayant jamais pensé à vendre Ruel ni jamais pensé qu'il fût jamais vendu.

» J'avoue qu'il m'est cher par bien des considérations; les dépenses excessives que j'y ai faites font connaître l'affection et l'attachement que j'y ai toujours eus; mais le sacrifice que je ferai en sera plus grand; j'espère qu'étant présenté par vos mains vous en ferez valoir le mérite.

» Le Roi est le maître et celui qui m'a donné Ruel a si bien appris à toute la France l'obéissance qu'elle lui doit que Sa Majesté ne doit pas douter de la mienne; voici le mémoire que vous avez ordonné. Permettez-moi de vous dire encore qu'excepté le Roi et la Reine, Ruel n'aurait pas de prix à mon égard.

» Faites-moi l'honneur de me croire votre très humble servante autant que je la suis. »

Le mémoire que l'on a ordonné à la Duchesse d'Aiguillon de faire des augmentations, acquisitions, bastiments et autres despenses qui ont été faites à Ruel par Monsieur le Cardinal outre le prix de l'achat, etc., nous a paru digne d'être cité. (Voir aux pièces justificatives.)

Louis XIV n'acheta pas Ruel; il construisit Versailles et envoya Le Nôtre à Ruel pour étudier les cascades des jardins de Ruel et les reproduire à Versailles.

La Duchesse d'Aiguillon conserva le château de son oncle jusqu'à sa mort, 17 avril 1675; elle institua pour sa légataire universelle sa nièce, Marie-Thérèse de Wignerod de Pontcourlay de Richelieu, connue sous le nom de Mademoiselle d'Agénois.

Elle prit l'habit de religieuse dans le monastère des filles du Saint-Sacrement, rue Cassette. C'était, dit Saint-Simon, une des plus extraordinaires personnes du monde avec beaucoup d'esprit. Elle fut toute sa vie un mélange de vanité et d'humilité, de grand monde et de retraite, elle refusa de se marier, elle prit et quitta plusieurs fois le voile blanc des novices au couvent des filles du Saint-Sacrement. Elle mourut en décembre 1705. Elle avait partagé sa fortune entre ses neveux.

En 1668 les bois de haute futaie avaient été abattus. On y a substitué des salles, cabinets de verdure et quinconces assez bien entendus. Une des plus belles choses du parc, c'est un grand réservoir situé au haut d'une rampe de gazon où était anciennement une cascade. Il fait jouer une gerbe dans la pièce d'eau la plus voisine du château, une des trois qui soient restées dans l'ancienne distribution des jardins. Les beautés de ce lieu qu'avait créées le Cardinal, telles que les grottes, les cascades, la perspective ont disparu. (*Voyage pittoresque* 1668.)

> Il prend à chacun un dézir
> De courtizer Flore et Zéphyr
> Et respirer leur douce haleine
> Tant dans le bois que dans la plaine.

Le Roy fut à Ruel Joudy,
Et Gaston revint Vendredy
De Limours maison rare et belle
Où fut aussi Mademoiselle,
Pour humer l'air délicieux
Qui règne en ces aimables lieux.

(Gazette de Loret, 5 juin 1651.)

Ruël, un des Logis du monde
Où l'eau, plus amplement abonde,
Et dont tes admirables jets
Sont, aux yeux, de plaisans objets.
Beau logis dont une duchesse
Est propriétaire et maitresse,
Qu'on ne peut estimer assez,
Reçeut le Roy, ces jours passés,
Et six calèches, toutes pleines
De plusieurs belles inhumaines,
Et de quantité de galans,
De même faits et des plus vaillans.
L'hôtesse, étant possible, absente,
Lorsque se fit cette descente,
Le sieur marquis de Richelieu
Fit, dit-on, les honneurs du lieu.
La colation y fut grande
De fruit et non pas de viande
Et d'autres ingrédiens.
La Troupe des Comédiens
Mais, j'entends la *troupe royale*
Y reprézenta dans la sale
Au lieu de Balet ou de Bal
Un beau poöme théâtral.
Mais ô fortune trop félonne!
La Belle, la chère baronne,
Et l'aimable de Beau Château,
En retournant de ce château,
Par un accident de carosse,
Se firent au chef playe et bosse,
Non sans sentir grande douleur ;
Et tel fut l'excez du malheur
Que ces deux actrices charmantes
En sont, encore, au lit gizantes. —

22 mars 1659.

Écrit dans un temps assez bref
Le tiers jour après Saint-Joseph.

DUCS DE RICHELIEU ET DUCS D'AIGUILLON

III

DUCS DE RICHELIEU ET DUCS D'AIGUILLON

(1675 à 1788)

DUC DE RICHELIEU

(1675 à 1715)

Le domaine de Ruel était échu au duc de Richelieu, Armand-Jean de Vignerod du Plessis, né en 1629, substitué au nom et aux armes du Cardinal, dont il était le petit-neveu par son père, le marquis de Pontcourlay, lui-même frère de la duchesse d'Aiguillon, et fils de Françoise de Richelieu, sœur du Cardinal.

Pair de France, général des galères, général pour le roi ès mers et armées du Levant, il avait épousé en 1649 Anne Fors du Vigean, veuve de Pons, qui devint dame d'honneur de la Reine puis de la Dauphine; ce mariage, célébré à la campagne en présence de Condé, qui voulut y être et remplaça les père et mère, causa à la cour un vrai scandale.

« Ce duc, dit Montglat dans ses Mémoires, n'était qu'un pauvre sot comme son père et c'est bien facilement qu'il avait pu être abusé par Desmarets, séduit par une femme ambitieuse et marié par Condé pour servir ses projets. »

La duchesse de Richelieu étant morte en 1684, le duc épousa la même année Anne-Marguerite d'Acigné, mère du futur maréchal de Richelieu, elle mourut en 1698; il épousa alors en troisièmes noces la veuve du marquis de Noailles, Marguerite-Thérèse Rouillé; il avait alors soixante-treize ans. « La marquise, dit Saint-Simon, était fort riche et voulait un tabouret. M. de Richelieu qui l'était fort aussi mais qui, avec des biens substitués et une conduite fort désordonnée en étoit toujours aux expédiens, lui donna le sien pour se mettre à flot et n'avoit aussi qu'un fils unique. En s'épousant ils arrêtèrent le mariage de leurs enfants dont ils passèrent et signèrent le contrat en attendant qu'ils fussent en âge de se marier. Le vieux couple avait de l'esprit mais l'humeur de part et d'autre peu concordante, ce qui donna des scènes au monde. »

Le duc de Richelieu n'habita pas Ruel régulièrement; il fit terminer les travaux du château et des jardins de Richelieu en Touraine et y reçut, en 1660, Louis XIV, revenant de Saint-Jean-de-Luz avec l'Infante d'Espagne, qu'il venait d'épouser. Il embellit successivement ses résidences à Paris, place Royale et rue de l'Université, des tableaux de Poussin et de Rubens qu'il devait perdre au jeu de paume contre le Roi — mais les mémoires du temps ne parlent pas des embellissements faits à Ruel. — Toutefois, pour augmenter le volume d'eau des cascades, il s'assura la jouissance des eaux de l'étang de Saint-Cucuphat, qui appartenait aux Dames de Saint-Cyr, seigneurs de Ruel; le 22 mars 1695 il y eut un accord entre lui et les Dames de Saint-Cyr et il s'engagea à payer 300 livres par an pour la jouissance des eaux de l'étang.

En octobre 1685, le *Mercure de France* nous apprend que Louis XIV s'était proposé de venir voir le château de Ruel cette année et que le duc de Richelieu s'attendait d'avoir l'honneur de l'y recevoir, mais comme le plus agréable régal de la fête devait être la représentation de ce grand prince et qu'il fallait du temps pour transporter et mettre en état une figure d'un caractère le plus extraordinaire qui eut jamais été, le départ de Sa Majesté pour Chambord rompit toutes les mesures du Duc.

Le Roi est monté sur un cheval qui passe, au jugement des plus savants, dans toutes ses proportions et dans son action, celuy du Pont-Neuf et celuy de la place Royale, quoique ce ne soit qu'un modèle on connaît ce qu'il sera quand on l'aura mis en bronze comme M. le duc de Richelieu a dessein de l'y faire jeter, mais ce qui ne s'est point encore vu qu'en cette figure c'est que de quelque côté qu'on la regarde on reconnaît la grandeur et la majesté de celuy qu'elle représente, c'est ce qui est très bien exprimé dans le sonnet écrit en lettres d'or dans un des côtés du Piedestal.

Tel, Louis triomphant de l'Ibéro hautain
Chassait de tous costés ses troupes fugitives,
Tel la Meuse et le Rhin le virent sur leurs rives
Terrasser le Batave et dompter le Germain.

De son image encor le regard plus qu'humain
Semble annoncer la guerre à ces âmes craintives;
Les traits sont si fiers, les menaces si vives
Qu'on croit la foudre preste à partir de sa main.

De l'Aigle et du Lion l'audace réprimée
A son joug maintenant seroit accoutumée
Ils en ont vu son char pompeusement traisné

Mais arrestant lui seul le cours de sa victoire,
A ne les pas détruire il trouve plus de gloire,
Et d'un plus beau laurier son front est couronné.

Sur l'autre côté on lit :

LUDOVICO MAGNO.
LUDOVICI JUSTI FILIO, LUDOVICI
SANCTI ABNEPOTI
REGUM MAXIMO
QUI
HOSTIBUS TERRÆ MARIQUE DEBELLATIS.
IMPERII FINES LONGE PRODUXIT ;
PROFLIGATA HÆRESI
RELIGIONEM UBIQUE RESTITUIT ;
REIP. GENNENSI LEGES PIRATIS
AFRICÆ POENAS ;
PACEM ARMATA EUROPA
MODUMÆ VICTORISUÆ
IMPOSUIT.
FILIO, NURU, NEPOTIBUS TER FELICI
SEMPER AUGUSTO
VERE CHRISTIANNISSIMO
ARMANDUS RICHELII DUX
ARMANDI CARDINALIS HÆRES
ET EJUS PRO GLORIA PRINCIPIS
ÆMULATOR
FIDEI, OBSEQUII AMORIS PERENNE
MONUMENTUM
VENERABUNDUS POSUIT
ANNO MDCLXXXV.

Les deux autres costés sont comme des tables d'attente ; aussi bien l'on croit n'avoir encore vu que la moitié des merveilles que fait espérer cet auguste conquérant.

Il y a de plus une chose à remarquer dans cette figure équestre qui est d'un poids excessif, c'est que le cheval n'est appuyé que sur les deux pieds de derrière, que ceux de devant sont en l'air et que, par une surprenante invention du sculpteur, l'équilibre en est si juste que d'un doigt seulement on le fait mouvoir.

On ne peut voir ce bel ouvrage sans donner à M. Gobert qui en est l'autheur les éloges qu'il mérite.

O vous qu'un désir curieux
Amène dans ces lieux
Qui délassaient Armand de ses profondes veilles,
Apprenez en voyant de si rares merveilles'
Que si Louis le Grand charme votre regard
Par son admirable figure,
Un chef-d'œuvre de la nature
Ne demandait pas moins qu'un chef-d'œuvre de l'art.

M. le duc de Richelieu ayant mené disner à Ruel quelques personnes de qualité, on trouva ce madrigal attaché à la porte qui conduit à la grotte sur laquelle cette statue est élevée.

Le sonnet que l'on a écrit en lettres d'or sur l'un des costés du piédestal est de M. le Clerc, de l'Académie française, l'inscription du père Comire, jésuite, et le madrigal de Saint-Vignier.

Voici d'autres vers qui ont esté faits par une personne de qualité qui a toute la délicatesse d'esprit que l'on peut avoir.

LA NIMPHE DE RUEL AU ROY.

Ton esprit que rien ne limite
Fait honneur à la royauté
Et tu ne vois que ton mérite
Au-dessus de ta dignité.
Tes exploits sont si glorieux
Qu'Armand aurait peine à les croire ;
Son ombre se plaint en ces lieux
Que la mort ait fermé ses yeux
Sans qu'il ait joüy de ta gloire.

En 1697 le Duc et la Duchesse entretenaient encore le château avec deux chapelles ainsi qu'il paraît par la permission qu'ils eurent le 5 juin d'y faire célébrer. (Abbé Lebeuf.)

« Pardonnez-moi, Madame, écrivit-il à madame de Maintenon, l'extrême liberté que je prends d'oser vous envoyer la lettre que j'écris au Roi par où je le prie à genoux de ce qu'il me permette de lui aller faire de Ruel quelquefois ma cour, car j'aime autant mourir que d'être deux mois sans le voir. »

Depuis la mort du Cardinal, ses héritiers avaient été souvent inquiétés pour le payement des dettes de la succession dudit Cardinal ; à la date du 24 septembre 1703, nous lisons que sur la requête présentée au Roy en son conseil par M. Armand-Jean Duplessis, duc de Richelieu et de Fronsac, pair de France, chevalier des ordres de Sa Majesté contenant que, par arrêt contradictoire du Grand Conseil du 6 mars 1698, il a esté en, entre choses, ordonné que le château et parc de Ruel ensemble 10,000 livres de rente constituées sur les gabelles le 6 février 1682 provenant de la succession du sieur Cardinal de Richelieu, seraient vendus pour être employés au payement des dettes de la succession dudit Cardinal, il ne s'est trouvé personne pour acheter le château.

En 1715 le duc de Richelieu mourut à 84 ans et son fils, connu sous le nom de duc de Fronsac et qui devint le maréchal de Richelieu, hérita du domaine de Ruel ; la duchesse de Richelieu mourut en 1729.

DUC DE RICHELIEU

(1715 A 1719)

Né en 1696, il s'était marié en 1711 à Anne-Catherine de Noailles, morte sans enfants ; il avait 19 ans lorsqu'il devint propriétaire de Ruel. Il n'y fixa pas sa résidence et il chercha les moyens de s'en défaire. Le 25 septembre 1719 le domaine avait été vendu au nom de M. Louis-Armand Duplessis, duc de Richelieu et de Fronsac, pair de France, au sieur Charles Mauduyt, intendant des affaires des Dames supérieure et religieuses du Monastère royal de Saint-Louis establý à Saint-Cyr, et seigneurs de Ruel. Mais le comte d'Agénois, Armand-Louis de Wignerod Duplessis de Richelieu, gouverneur pour le Roi des villes, parc et château de la Fère, attristé de voir ce domaine passer des mains de la famille dans celles d'un étranger, exerça le retrait lignager. On appelle de ce nom l'acte par lequel un parent retire des mains d'un tiers acquéreur ou d'un adjudicataire un ancien propre de famille vendu par son parent. Le retrait dure un an.

DUC D'AGÉNOIS — PLUS TARD DUC D'AIGUILLON

(1720 A 1750)

Suivant exploit d'assignation et par droit de retrait lignager et proximité de lignage, les fiefs, château et seigneuries du Val de Ruel, La Palléo et Mendosse, situés près le bourg et territoire de Ruel en Parisis, furent remis en 1720 au duc d'Agénois, cousin de Richelieu. Le sieur Mauduyt avait payé 116,000 livres aux mains du financier Crozat, fondé de pouvoirs des créanciers de la succession du Cardinal.

Le duc d'Agénois, né en 1683, avait 37 ans lorsqu'il devint propriétaire de Ruel ; mais les jardins n'étaient plus dans le même état que l'avait laissé le dernier duc de Richelieu. Le parc, en l'espace d'une année, avait été bouleversé par le sieur Mauduyt qui avait fait argent de tout, principalement des conduites de plomb pour les eaux.

Marié en 1718 à Anne-Charlotte de Crussol de Florensac qui mourut à Ruel en 1772 à l'âge de 71 ans, il partagea son temps entre ses résidences de Ruel et de Vérets, près Tours. Membre de l'Académie des sciences, il poursuivait devant le Parlement contre l'opposition de vingt-deux ducs et pairs sa demande en reconnaissance de pairie au titre de duché d'Aiguillon; il l'obtint le 10 mai 1731. Il s'occupait de lettres et se fit connaître par quelques écrits composés avec l'abbé de Grecourt, le père Vinot et la princesse de Conti et qui se trouvaient en partie dans le recueil de pièces choisies rassemblées par les soins du Cosmopolite (année 1735), recueil très rare. On attribue aussi au duc d'Aiguillon la suite de la nouvelle Cyropédie publiée à Amsterdam. La duchesse d'Aiguillon a laissé une traduction de l'épitre d'Héloïse et d'Abélard. (Dictionnaire de Firmin-Didot.)

DUC D'AIGUILLON (EMMANUEL-ARMAND)

(1750 A 1788)

Le duc d'Aiguillon, né en 1720, mort en 1788, devint en 1750 propriétaire du domaine de Ruel à la mort de son père qui l'avait déjà fait substituer dès l'année 1740 à son titre de duc d'Aiguillon.

Le duc Armand (dit la biographie Didot) était un courtisan distingué par l'esprit et la grâce, mais privé de toutes les qualités nécessaires à l'homme d'État. C'est pendant son ministère qu'eut lieu le premier partage de la Pologne et il ne fut instruit de cet attentat aux droits des nations que lorsqu'il fut consommé. Lorsque d'Aiguillon fut présenté à la Cour du Monarque, madame de Châteauroux, alors maîtresse de ce dernier, le remarqua et le prit en affection; par son entremise il obtint de l'emploi à l'armée d'Italie. Protégé par madame du Barry, il parcourut longtemps une alternative de faveurs, de protection et de disgrâces jusqu'au moment où, après la chute du duc de Choiseul, il entra au ministère avec Maupeou et l'abbé Terray. La conduite du duc d'Aiguillon, tandis qu'il commandait en Bretagne, lui avait attiré le mépris public. On assurait qu'au moment où l'on repoussait les Anglais de Saint-Cast, il s'était réfugié dans un moulin, ce qui fit dire au conseiller La Chalotais que le commandant s'était couvert non de gloire mais de farine. De là, l'acharnement du duc d'Aiguillon contre ce magistrat. Pendant son ministère, la France fut déchue de son rang. On lui imputa aussi la révolution de Suède en 1772; il se vantait de l'avoir préparée.

A l'avènement de Louis XVI il fut éloigné du ministère, remplacé par le comte de Vergennes en 1774; il mourut dans l'exil, oublié et méprisé.

Il avait été marié à Félicité de Brehan de Plello.

Le voisinage de la cour qui se trouvait à Versailles et à Marly permit au duc d'Aiguillon d'habiter Ruel; ce fut là que vint se réfugier la comtesse du Barry en 1774. Louis XV, le cinquième jour de la petite vérole, dit dans la nuit à ceux qui l'entouraient : « Je n'ai pas envie qu'on me fasse ici renouveler la scène de Metz, qu'on dise à Madame la Duchesse d'Aiguillon qu'elle me fera plaisir d'emmener Madame la Comtesse du Barry; en conséquence, la favorite fut à Ruel chez cette dame. » Son goût pour le luxe et la vie molle ne la quitta pas un instant, et ne trouvant pas les lits du château du duc d'Aiguillon assez douillets, elle envoya chercher son coucher de Lucienne. La surveille de la mort de Louis XV où l'état de Sa Majesté parut moins mauvais, ce fut une procession continuelle de carrosses de Versailles à Ruel, plus considérable que celle de Paris à Versailles; mais ils rétrogadèren bientôt à mesure que les nouvelles devinrent plus fâcheuses. Quelques seigneurs toutefois revinrent; la malignité avait alors observé les douze ou quinze voitures qui stationnaient à la porte du château, et longtemps à la cour de Louis XVI ce souvenir fut un titre de défaveur pour ces courtisans de la disgrâce, longtemps on les montra du doigt en disant : « C'était un des carrosses de Ruel. » Les ennemis de la comtesse firent courir le bruit qu'elle s'était évadée de Ruel, ce qui était faux; elle y apprit la fatale nouvelle et M. le duc de La Vrillière vint lui signifier à Ruel une lettre de cachet qui l'exilait à l'abbaye de Pont-aux-Dames de Brie, près Meaux. (Anecdotes sur madame du Barry.) On l'avait vue dans son carrosse à six chevaux, accompagnée d'une seule femme de chambre, suivie d'une seconde voiture dans laquelle étaient deux particuliers dont l'un était un exempt.

(Journal de Hardy, 12 mai 1774.)

Nous voyons figurer dans les papiers des Dames de Saint-Cyr que monseigneur Armand Duplessis Richelieu, duc d'Aiguillon, pair de France, comte d'Agénois, de Condommois et de Plello, baron de Cordie, marquis de Montcornet, seigneur de Veretz et autres lieux, noble génois, chevalier des ordres du Roi, lieutenant général de la haute et basse Alsace, gouverneur particulier des villes citadelles et château de La Fère, lieutenant général de la province de Bretagne au département du comté nantois, lieutenant de la compagnie des chevau-légers de la garde ordinaire du Roi et ministre d'État, demeurant à Paris, rue de l'Université et en son château d'Aiguillon, est tenu de faire foi et hommage pour raison des fiefs du Val de Ruel, La Vallée et de Mendosse d'une contenance de 260 arpents; ce dit seigneur d'Aiguillon paye encore aux Dames de Saint-Cyr 800 livres pour la dixme et jouissance des eaux de Saint-Cucuphat.

D'après les registres des Dames de Saint-Cyr, le domaine comprenant un grand corps de logis avec 2 pavillons à chaque côté, une basse-cour séparée composée de plusieurs logements pour le jardinier, fontainier, charretier, un jardin potager au levant de la basse-cour, une garenne vers le midy, une cave, réservoir et glacière

au haut du dit parc du côté du levant et la fontaine musquée dont la contenance est
de 90 perches.

Le Dictionnaire de Moreri, 1759, parle du grand parterre terminé par un canal
entouré de plus de cent jets d'eau, chaque jet d'eau forme une cascade de trois
chutes, au bout de ce canal est une grande pièce d'eau quarrée d'où s'élèvent trois
jets d'eau d'une hauteur prodigieuse.

Le Dictionnaire de La Martinière, à la date de 1768, parle du château de Ruel qui
appartient présentement au duc d'Aiguillon. Il consiste en un grand corps de logis
flanqué du côté du jardin de deux corps ou pavillons de retour; sur la main gauche
est une terrasse qui regarde l'orangerie et communique à plusieurs corps de bâtiments. Il est entouré d'un fossé fort profond, le jardin est dans le goût italien, au
midi s'étend un grand parterre orné d'un grand bassin, seize jets d'eau sont devant
les fenêtres. L'orangerie est un grand corps de bâtiment orné d'un ordre dorique,
on y entre par un pavillon quarré dont la façade forme un portique; 9 arcades sont
le corps du bâtiment et l'arc qui est près de cette orangerie est un grand édifice
d'ordre corinthien composé de 3 portes et appuyé de chaque côté de deux corps de
pierres de taille d'ordre toscan, tout est orné de bas-reliefs, de statues et de trophées.
Une fontaine en glacis, dont le bassin est rond, formait une cascade ronde qui
tombait à 9 différents sauts. On y remarquait encore la grande cascade composée de
plusieurs marches au haut desquelles trois fontaines ont chacune 3 bassins l'un sur
l'autre. Tout au haut sont deux figures qui jettaient de l'eau. D'autres figures l'or-
nent de chaque côté. A l'autre bout de l'allée qui est devant cette cascade est une
grotte de rocaille, laquelle est un enfoncement fait en niche accompagnée de deux
colonnes. Cet enfoncement est une perspective dont le ciel était point avec des couleurs si naturelles qu'on assure que des oiseaux s'y sont trompés et que croyant
voler en plein air ils s'y sont tués. Ce qu'on appelle la vieille grotte représente un
rocher au milieu duquel est une caverne ornée de figures de bêtes de toute espèce
qui souffloient de l'eau au moment qu'on s'y attendait le moins. On ne fait qu'indi-
quer légèrement ces choses parce qu'il s'en faut beaucoup qu'elles soient aujourd'hui
ce qu'elles ont été.

SÉQUESTRE ET VENTES DU DOMAINE

Veüe de la Grotte de Rüel, et d'vne partie du Canal et Bassins .,

A Paris chez I. Mariette rue S.t Iacques a la Victoire, et aux Colonnes d'Hercules   Graué par Perelle   Avec priuil. du Rey

IV

SÉQUESTRE ET VENTES DU DOMAINE

DUCHESSE D'AIGUILLON DOUAIRIÈRE. —
SÉQUESTRE — VENTES SUCCESSIVES — ÉTAT ACTUEL
DU DOMAINE

(1788 à 1834)

A la mort du duc d'Aiguillon, Louise-Félicité douairière d'Aiguillon, fille de Louis de Brehan de Plelo et de Louise-Françoise Phelippeaux de la Vrillière, habita le château de Ruel. D'après les termes de son contrat de mariage passé en 1740, elle avait le droit, au décès du duc, de fixer sa résidence soit à Veretz soit à Ruel ; elle choisit Ruel. Le domaine dont elle avait la jouissance comprenait un parc de 169 arpents et des terres louées à divers pour une somme de 1800 livres ; il appartenait en nu propriété à son fils Armand-Désiré Duplessis Richelieu, duc d'Aiguillon, qui fut député de la noblesse d'Agen aux Etats-Généraux, député à l'Assemblée nationale et qui mourut en émigration à Hambourg en 1800, et aux deux enfants de sa fille, Pierre-Charles-Fortuné Guigues de Moreton de Chabrillan, Hippolyte-Cæsar Guigues de Moreton de Chabrillan, fils de Joseph-Dominique Guigues de Moreton, marquis de Chabrillan, et d'Innocente-Aglaé Duplessis, de la Motte de Richelieu décédée le 11 juin 1776.

La duchesse resta à Ruel de 1788 à 1794, elle y passa même les hivers de 1793 et de 1794 ; nous en avons la preuve dans le certificat de civisme qui lui fut délivré par la municipalité de Rueil le 24 septembre 1793 et par le procès-verbal de son arrestation en date du 2 février 1794.

« Nous Maire et officiers municipaux de Rueil et notables composants le conseil général de la commune dudit Rueil, soussignés, certifions et attestons, que la citoyenne Louise-Félicité Brean Plelo, veuve d'Aiguillon, résidente dans cette commune, maison appartenante à elle ou la jouissance pendant sa vie, y réside depuis le mois de juin de l'année dernière 1792; sans interruption jusqu'à ce jour, a toujours donné des preuves d'une bonne citoyenne, s'est prêtée de tout son pouvoir à tout ce qu'elle pouvait être utile pour le bien général de cette commune; a prêté dans le tems son serment civique exigé par la loy du 12 aoust 1792 de soutenir de tout son pouvoir la liberté et l'égalité et de mourir en la deffendant, a assisté aux fédérations qui ont été faites dans cette commune, et a, à chaque levée de volontaires qui s'est faite, contribué de tout son pouvoir et ses moyens chaque fois qu'elle a été requise par nous pour l'utilité de ladite commune; a fait cesser ses travaux d'agriculture pour nous prêter ses chevaux et charrettes pour les transports des grains et farines pour ladite commune. Elle en a fait de même à chaque départ des volontaires qui ont été casernés ici pour les transports de leurs bagages, a logé avec fraternité tous les volontaires que nous lui avons envoyés, ainsi que ses écuries ont été employées pour le service des chevaux de l'artillerie des bataillons.

» A régulièrement fait monter sa garde au poste du pays chaque fois qu'elle en a été requise, et nous a toujours donné des preuves de son attachement à la Révolution, tant par sa conduite que la simplicité de son existence; les faits énoncés cydessus étans bien à notre connaissance, c'est pourquoi à sa réquisition nous lui avons délivré le présent pour lui servir et valoir ce que de raison.

» Fait et délivré en séance publique de cette municipalité, la commune y étant assemblée, cejourd'huy vingt-quatre septembre mil sept cent quatre-vingt-treize, l'an second de la République française une et indivisible.

» Et avons avec notre Secrétaire greffier ordinaire signé le présent auquel il a apposé le sceau de notre municipalité; et à l'égard des citoyens Antoine Donnot Besche, François Herat et Jean-Vincent-Guillaume Rossignol, notables cy présent ont déclaré ne sçavoir écrire ni signer, de ce enquis suivant la loy; et plus bas signé Lavoipierre, maire, E. Cousin, Baron, Masson, notable, Godefroy, Laborde, Besche, Binant, Beauvais, Rayé, J.-J. Boulliard, Dubois, notable, Helland, Beauvais et Petit, secrétaire greffier. »

SÉQUESTRE

« L'an deuxième de la République française une et indivisible, le quatorze pluviose. En vertu d'un ordre émané du comité de sûreté générale et de surveillance de la Convention Nationale, nous Pierre-Henry Capelain et François Quitelle, membres du comité révolutionnaire et de surveillance de Saint-Cloud et commissaires du comité de sûreté générale et porteur d'un ordre dudit comité portant que la citoyenne d'Aiguillon sera mise en arrestation dans la maison d'arrest dite des Anglaises, à Paris, signés du barron Gr. Jagot et Louis du Bas Rhin et Gufroy, membres du comité de sûreté générale de Paris, accompagnés des citoyens Etienne Cousin, premier officier municipal de la commune de Rueil, du citoyen Jean-Louis Chicaneau, vice-président du comité de surveillance de ladite commune, de Guillaume Saulnier, Jean Jullien et Jean-Louis Ruffin, membres dudit comité. Nous nous sommes rendus chez ladite citoyenne d'Aiguillon où nous avons fait l'ouverture du secrétaire de son cabinet et avons trouvé après visite exacte de ses papiers, un médaillon en porcelaine représentant le portrait du Cardinal de Richelieu et un portrait représentant le citoyen d'Aiguillon, fils de ladite citoyenne, avec un cachet de cristal monté en acier, armoirie aux armes de sa famille, trois passeports de la section de la Fontaine de Grenelle expédiés le vingt avril mil sept cent quatre-vingt-douze. Plus treize pièces d'écritures cottées et paraphées, lesquelles avons apposés une bande de scellés à deux cachets donnant dans ledit cabinet et ensuite deux cachets pareils à la porte d'entrée. Avons scellé dans le sallon cinq bandes de cachets aux cinq croisées et un à la porte de sortie. Dans la pièce ensuite trois bandes de scellés sur les croisées et une à la porte de sortie. Avons mis une bande de scellés à deux cachets sur la porte donnant dans les bains, une à la porte de la salle de billard donnant dans l'office et une sur la porte de la salle à manger, un sur une chambre n° 6, un sur la chambre n° 5, un sur la chambre n° 4, un sur le n° 9, un sur le n° 8, un sur la porte du garde-meuble et six chambres de domestiques garnies de leur lit, avons fait état du linge retiré pour le service de la citoyenne d'Aiguillon ainsi qu'il suit, sçavoir trente-deux chemises, dix-huit mouchoirs blancs, deux fichus, un peignoir, six paires de bas de coton, un corçet, une paire de poches, deux manteaux de lits, deux jupons, un déshabillé blanc, un tablié de mousseline, deux sacs de pied et un mantelet de mousseline, quatre serviettes, sous la sauvegarde de la citoyenne Voisin qui a signé : Voisin; avons posé les scellés sur un armoire en bois de chesne, au pied d'un escalier dérobé.

» Nous nous sommes ensuite transportés au pavillon du concierge et y avons apposés les scellés aux numéros 1 et 2 et au grenier n° 1 où il y a un lit de domestique, et au n° 3 un lit de sangle avec un matelas; et dans la cour dudit pavillon, nous avons trouvés environ 700 bouteilles de vin de différentes qualités.

» Avons trouvés dans l'office où nous sommes transportés dix-huit couverts d'argent, deux cuillières à ragoût, deux cuillières à caffé et une petite caffetière. — (Nota). Ladite argentrie sans armes.

» A la cuisine trente-neuf casseroles de cuivre, dix-neuf couvercles, trois braisières, deux casseroles rondes dites ovalles, une poissonnière, deux moules, quatre plafonds, deux tourtières, huit casserolles aux bains mari, trois poëlons, un chaudron, trois feuilles, un coquemare, quatre cuillières à pot, cinq cuillières à dégraisser, trois cuillières percées, une écumoire, une passoire et une chaudière;

ladite argentrie et les ustensiles de cuisine sont restés sous la responsabilité de citoyen Chauvet qui a signé Chauvet.

» *Établissement du gardien.* — Avons laissés la garde desdits scellés sous la responsabilité des citoyens *Simon Huette* et *Jean Marin Godefroy tous deux vignerons*, après avoir reconnus lesdits scellés sains et entiers, s'obligent lesdits citoyens à nous les remettre en bon état comme cy-dessus, onts déclarés lesdits citoyens ne sçavoir signer de ce enquis suivant la loy.

» Et avons clos ledit procès-verbal en présence de ladite citoyenne d'Aiguillon et des citoyens dénommés cy-contre qui onts signés avec nous les jours, mois et an susdits.

» Lecture faite dudit procès-verbal il a été reconnu qu'un scellé apposé sur la porte d'une cave au pied de l'escalier de la cuisine avait été oublié et de suitte en a été fait mention avec les signatures.

» Suivent lesdites signatures, Louise-Félicité Brehan Plelo d'Aiguillon, douairière, E. Cousin, officier municipal, Chicanneau, vice-président, Jullien, Ruffin, Saulnier, Lefebvre, Le Coq, f. Quitelle, Caplain, Vanderlinden, faisant les fonctions de secrétaire.

» Ensuite avons interpellé la citoyenne combien elle avait d'enfant.

» Nous a répondu qu'elle en avait un et ne sachant où il est depuis plus de dix-huit mois, et ses petits-fils, fils de sa fille, ne sachant où ils sont du même tems; et avons emportés un paquet à deux cachets du comité de surveillance et contresigné par la citoyenne veuve d'Aiguillon et a signé Plelo d'Aiguillon douairière.

» Le présent pour coppie conforme à l'original.

» Signé : Chicaneau, président; Besse, Filliette, Vaze, Jullien, Delaunay, Saulnier, Huette, Crespin, Crespin, D., secrétaire. »

La citoyenne d'Aiguillon réclama et demanda de rentrer en possession de Ruel dont son contrat de mariage lui donnait la jouissance; elle fit certifier qu'elle n'était pas portée sur la liste des émigrés, mais sa qualité de mère d'émigré ne lui fit pas accorder la faveur qu'elle sollicitait.

A la date du 16 vendemaire an III, la municipalité de Ruel demandait par l'organe de son maire, le citoyen Lavoipiere et des citoyens Cousin, Bonr, Bruant, Besche, Godefroy, La Borde, Lacroix, officiers municipaux Chevard, greffier et Masson, notable, que la propriété du citoyen d'Aiguillon fut divisée en petits lots et rendue à la culture.

Le duc d'Aiguillon avait été porté sur la septième liste des émigrés en septembre 1793 et son bien avait été mis sous le séquestre. Un de ses neveux figurait aussi parmi les émigrés.

VENTES SUCCESSIVES DU DOMAINE

Le château, vendu le 10 octobre 1794, avait été loué par les soins de l'administration de Versailles au citoyen Hudde moyennant 9,325 livres par an. La duchesse ne pouvant vivre autre part qu'à Ruel, loua le château du citoyen Hudde, elle l'occupa jusqu'à la vente qui eut lieu le 8 fructidor an IV (25 août 1796), la duchesse mourut la même année le 11 septembre 1796.

Le citoyen Ardent, juge de paix à Ruel, s'était rendu adjudicataire moyennant la somme de 138,803 francs (soit pour les 3/4 102,612 fr. 37). Mais le 6 brumaire an VI (27 octobre 1797), le domaine fut de nouveau mis en vente et la citoyenne Navailles, épouse divorcée de l'émigré d'Aiguillon (comtesse de Navailles) a racheté les trois quarts précédemment soumissionnés par Ardent; elle fit des démarches pour acheter la totalité. Lors de la vente du 25 août 1796, l'administration de Versailles n'avait pu vendre que les 3/4 du domaine comme bien d'émigré, la moitié comme bien du duc d'Aiguillon, Armand-Désiré, un quart comme bien de Cæsar Guigues de Moreton de Chabrillan; l'autre quart était resté comme bien de Pierre-Fortuné Guigues de Moreton de Chabrillan rayé provisoirement de la liste des émigrés. Ce dernier ayant été définitivement maintenu sur la liste par arrêté du 17 frimaire an IV, la citoyenne Navailles demande à acheter la totalité.

Nous trouvons la description du domaine dans le procès-verbal de la vente du 25 août 1796; il a paru curieux de la citer.

Le principal corps de logis présente une surface de cent vingt pieds sur cinquante-quatre pieds, il est élevé d'un rez-de-chaussée et d'un étage. Le comble a deux égouts, il est couvert en ardoise et contient 31 pieds de haut; dans le souterrain sont les cuisines et deux berceaux de cave.

Au rez-de-chaussée : vestibule, cage d'escalier; premier antichambre avec lambris d'appuis en son pourtour et carrelée de carreaux blancs et noirs; salle à manger lambrisée de lambris et plafonnée, parquetée avec cheminée de marbre; elle est séparée d'une autre pièce formant galerie par une cloison dans laquelle trois ouvertures vitrées.

Un grand salon sur l'angle du bâtiment, une chambre à coucher avec des cabinets, le tout fermé par des croisées ouvrantes.

Au premier étage : onze pièces de maître avec 18 cabinets et garde robes, neuf pièces entresolées pour les personnes de la suite et dans les combles quatorze chambres de domestiques.

Le bâtiment du concierge est élevé d'un premier étage; sur le mur donnant sur la grand'route est une porte charlière entourée de petits logements pour les portiers.

Le long du mur est un petit jardin à l'anglais dans lequel est construit une salle de 26 pieds sur 18 pieds ornée de pilastres d'architecture et peintures aux attributs de la franc-maçonnerie.

La ferme a une cour de 240 pieds sur 76, elle contient 7 remises, cellier, écurie, fournil, étable, poulailler, serre, grange de 68 pieds sur 24.

Le parc est de 164 arpents; les bois de haute futaie d'arbres de 25 ans contiennent 17 arpents, les 2 bosquets contiennent 6 arpents, le potager 11, la garenne aride et pleine de rochers 9 arpents.

Les produits du domaine avaient été soigneusement enregistrés et nous voyons que de janvier à août 1793 la garenne avait fourni 123 lapins; les étangs 1,023 carpes valant 210 francs, 9 anguilles à 5 francs; sur un jeu de cartes à jouer se trouvaient inscrits le nombre des cordes de bois qui avaient été charriées.

La citoyenne Navailles ne conserva pas longtemps le domaine; elle figure dans un acte de 1797 pour régler une servitude d'eau, puis elle entre en pourparlers avec le citoyen Legouy, négociant à Paris, pour lui vendre Ruel; mais ce dernier n'ayant pas rempli les conditions qu'elle exigeait, elle vendit au commencement de 1799 au citoyen Malibran, Jean-Baptiste, membre du conseil des Cinq-Cents, qui racheta le 1/4 restant du domaine.

Ayant eu ainsi la totalité du domaine, il le revendit bientôt après, le 5 octobre 1800, au général Masséna, âgé alors de 42 ans et déjà vainqueur de Rivoli et de Zurich. Le château avait été détruit en partie et il ne restait que *les superbes allées de marronniers d'une hauteur et d'une majesté imposantes* et une aile du château que Masséna fit réparer et embellir.

Le maréchal mourut en 1817. Le domaine resta 32 ans dans sa famille, et le 29 novembre 1832, ses héritiers dame Victoire Thècle Masséna, épouse du comte Reille, lieutenant général, pair de France, et François-Victor Masséna, duc de Rivoli et prince d'Essling, vendirent moyennant 240,000 francs le domaine contenant 55 hectares 71 ares 34 centiares à MM. Sébastien Lemarié et dame Bréant, son épouse, et à MM. Mercier et dame Lemarié, son épouse.

ÉTAT ACTUEL DU DOMAINE

Nous ne suivrons pas les différentes transformations de cette propriété qui de 1832 à 1888 a été divisée en un nombre considérable de lots pendant près de trente ans; les deux collines sur lesquelles s'étendait le parc ont été rendues à la culture, les anciens parterres avec les pièces d'eau ont formé de grandes propriétés. A la mort de l'amiral Lemarié qui habitait l'ancien pavillon du Père Joseph, la spéculation s'est abattue sur l'ancien parc de Richelieu, des rues ont été tracées et des murs ont emprisonné une pièce d'eau.

L'ancien Domaine du Cardinal de Richelieu est actuellement divisé en plus de cent propriétés différentes comprenant chacune une maison de trois à cinq fenêtres de façade entourée d'un jardin d'agrément de quelques arpents.

Il reste trois pièces d'eau dont deux sont situées dans une grande propriété particulière (boulevard de Saint-Cloud, 12), l'une d'une forme longue est l'ancien canal orné de cascades et de fontaines que dominait la grotte gravée par Perelle, l'autre presque carrée est entourée d'arbres.

Israël Silvestre a gravé l'étang qui est entre les rues de Gênes et de Zurich et qui sert de bordure à trois jardins. L'estampe porte : *veue de l'estans au-dessus de la grotte.*

La rue du lac a été percée sur l'emplacement de l'ancien château. Des maisons de construction moderne ont été élevées sur les anciennes fondations.

Le Domaine formé de 169 arpents s'étendait sur les collines qui dominent au midi et à l'ouest l'étang situé entre les rues de Gênes et de Zurich.

La colline du midi située en face le château au bout du parterre renfermait deux grandes cascades ornées de statues; les degrés de l'une des cascades ont été récemment découverts dans des fouilles qui avaient été faites pour extraire de la glaise. Un château de construction moderne appellé Bel-Air s'élève au sommet de la colline, une partie des murs actuels du côté de Buzenval formait l'enceinte de l'ancien domaine.

Toute la colline située à l'ouest de l'étang a été rendue à la culture; elle est pour la plupart plantée de vignes et se trouve bordée par les routes dites de Saint-Cloud et de Versailles. On y voit des carrières très profondes à ciel ouvert et quelques maisons de campagne aux abords de Monte-Maria, vis-à-vis les grilles qui séparent les parcs de Boispréau et de Vermont.

Au nord, du côté de la ville, des établissements très importants de blanchisseurs ont été établis sur l'emplacement des anciens communs et sont alimentés par les eaux des étangs de l'ancien Domaine. L'ancien potager a été converti en habitations de paysans; plus loin un abreuvoir et une fontaine se voient à l'angle de la place Richelieu et de la rue Masséna, la grotte de rocaille était encore visible en 1834 à l'angle de la rue de Girouix.

Les parterres de l'orangerie étaient situés autour de l'étang et du canal, sur leur emplacement plus de trente maisons de construction moderne ont été construites; une d'elles, brique et pierre, rappelle le style Louis XIII et est ornée au fronton du buste du Cardinal de Richelieu. Les obélisques en marbre rouge de Givet ornés d'hiéroglyphes dorés ont été transportés devant le château de la Malmaison, des statues ont orné successivement les parcs de Marly et de Versailles, d'autres ont été conservées au Louvre; nous citerons entr'autres un hercule en métal armé de la massue avec un dragon à plusieurs têtes vomissant de l'eau, et deux chiens, dont parle Abraham Golnitz dans la relation de sa visite à Ruel en 1631, *Bini canes ex œre conflati aquam e genitalibus in fossam ejicientes*. On voit également, dit M. Romain Boulanger, une assez belle statue en pierre dont, sauf un bras mutilé, l'état de conservation est satisfaisant. Cette statue représente une jeune femme en Minerve debout, coiffée d'un petit casque et drapée avec beaucoup d'art ; elle tient à la main un rouleau déployé sur lequel se voit un plan qui semble celui d'un temple ; à ses pieds se voient à droite une mappemonde et quelques livres, à gauche la chouette traditionnelle. Le piédestal, d'une forme très gracieuse, est décoré par devant d'attributs de musique et par derrière d'une corne d'abondance.

A droite et à gauche de ce piédestal on peut lire les inscriptions suivantes gravées sur marbre :

A gauche :

> La Sagesse, autrefois, sous le nom de Sophie
> Avait été des Grecs et des Romains servie ;
> Mais bientôt les mortels formèrent d'autres vœux
> Et livrés aux plaisirs la bannirent d'entr'eux.
> Le ciel nous a rendu cette aimable déesse
> Et veut bien par pitié pour l'humaine faiblesse
> Prêter à la Vertu les grâces de l'Amour.

A droite :

> Les cœurs et les esprits de ses traits sont émus.
> L'Amour respectueux la craint et la caresse.
> Préparez votre encens : c'est Guise ou Vénus
> Sous les habits de la Sagesse.

Qui représentait cette statue. Tout d'abord nous avons pensé, dit M. Romain Boulanger, que c'était quelque contemporaine du Cardinal, les deux noms de Sophie et de Guise qu'on peut lire dans chacune des deux inscriptions nous indiquaient qu'il fallait la chercher dans la famille de Guise. Après une savante recherche de toutes les princesses qui ont porté ce nom depuis les quatorze enfants du Balafré jusqu'à l'amie de Mlle de Montpensier, une des héroïnes de la Fronde, M. Romain Boulanger s'est arrêté à la duchesse de Richelieu, Sophie de Guise.

Elisabeth Sophie de Lorraine, née en 1713, fille puinée d'Anne-Marie-Joseph de Lorraine, comte d'Harcourt et de Clermont, prince de Guise, fut mariée le 7 avril 1734 au château de Montjeu, en Bourgogne, avec Louis François-Armand de Wignerod du Plessis, duc de Richelieu et de Fronzac, pair de France, marquis de Pontcourlay, reçu en 1720 l'un des quarante de l'Académie, maréchal de camp en 1738, gouverneur du Languedoc en 1740, premier gentilhomme de la chambre

Veuë de l'Orengerie et de la Perspectiue de Ruel.

du Roi en 1744, lieutenant-général la même année, noble Génois en 1748, vainqueur à Port-Mahon en 1756.

« C'était une femme accomplie, elle eut même été « belle pour tout autre que » son mari — elle l'aimait passionnément et mourut dans ses bras sans jamais s'être » vengée ». Elle plut à Richelieu qui d'ailleurs était enchanté de s'allier à une maison qui tenait le sceptre de l'Empire. Il eut pour sa femme toutes les attentions et les prévenances imaginables. Jamais mari ne montra plus d'attachement pendant les premiers six mois, mais ce fut là le terme. »

La plupart des grottes de rocaille, dit M. Jacquin dans son histoire de Rueil (1845 Paris, Dauvin et Fontaine) ont été détruites en 1895. Quelques pièces d'eau après avoir été dépouillées de leurs plombs furent comblées et le terrain fut nivelé ; un des propriétaires a fait faire des fouilles qui ont amené la découverte : 1° d'un aqueduc conduisant les eaux de la montagne ; 2° d'une pièce d'eau de 12 mètres de circonférence garnie de dalles et de plusieurs assises de pierres destinées à porter des groupes et des jets d'eau ; cette pièce d'eau était recouverte d'un remblais d'un mètre quarante ; 3° d'une grotte en rocailles autrefois voûtée environ de 18 mètres de circonférence ; quatre niches à plein cintre garnies de coquillages en renfermant trois plus petites où l'on voit encore des plombs conducteurs et plusieurs petits jets d'eau ; quatre autres niches carrées renfermaient des bancs de pierre.

Le sol de la grotte est en mosaïque vénitienne. La voûte était à plein cintre à larges arêtes très saillantes. Autour de la grotte se trouve un souterrain formant double enceinte. L'entrée est un portique à plein cintre construit de larges pierres alternativement vermiculées et polies. De chaque côté du portique on voyait deux mascarons versant de l'eau. Le sol de cette grotte est environ à 4 mètres au-dessous du sol actuel des jardins, les eaux de la pièce d'eau principale viennent se verser avec bruit dans la grotte et la remplissent à un mètre de profondeur. (1845.)

De toutes les belles plantations des jardins de Richelieu il ne reste plus maintenant que quelques rejetons des célèbres arbres dits les cardinaux. Ces arbres entouraient la pièce d'eau au-dessus de la grotte ; ils furent abattus en 1780, ils avaient à cette époque deux cents ans d'existence et cinq personnes avaient de la peine à les embrasser les bras étendus. (Histoire de Rueil par Jacquin.)

Un banc de pierre, un chapiteau où sont sculptées les armes du Richelieu, un grand vase Médicis, une terre cuite, représentant un duc d'Aiguillon enfant, sont pieusement conservés par les propriétaires. Les seuls meubles provenant du château de Richelieu et qui ont été gardés quelque temps dans une famille à Rueil, sont une tapisserie des Gobelins de 3^m53 de hauteur sur 2^m25 de largeur, représentant Antoine et Cléopâtre, et un dessus de porte peint par Vouet et représentant la France portant à la main le portrait de Louis XIII et entourée des génies des sciences et des arts.

On voit au Louvre dans la salle des dessins une table en bois sculpté doré, recouverte d'un marbre vert dans lequel est une mosaïque. (Cette table provient du château.)

Du souvenir du Cardinal de Richelieu à Ruoil, il ne reste que son nom donné à une place et à une fontaine.

Les orgues estimées 45,000 livres et les vitraux qu'il avait donnés à l'église ont été détruits en 1793; les statues de saint Pierre et de saint Paul et les deux anges dus au ciseau de Sarazin ont été renversés. Seul le portail que le Cardinal fit élever en 1635 par les soins de Lemercier est resté debout.

PIÈCES JUSTIFICATIVES

PIÈCES JUSTIFICATIVES

Extrait du Journal de Jean Héroard, *sur l'enfance et la jeunesse de Louis XIII, 1601–1628, publié par Soulié et Barthélemy.* (Paris, Firmin-Didot, 1868.)

1602. — Le Roi et la Reine arrivent de la chasse, commandent de leur porter (leur fils). Le Roi lui fait voir la curée du cerf pris au-dessus de Ruel ; il ne s'en étonne pas.

1605. — Samedi 6 août, à quatre heures et demie, mis dans le carrosse de la Reine pour aller au-devant de la Reine Marguerite, il est accompagné de Madame, de MM. de Vendôme, de Verneuil, de Louvré, il va par la levée près de Ruel, et la Reine ne venant point encore, il revient sur l'hôtellerie qui est sur la levée où il a soupé.

11 septembre 1608. — On dit (au Dauphin) que Montauban, autrefois tailleur et maintenant payeur des rentes de la ville, lui donnerait une belle collation de confitures en sa maison de Ruel. Une collation, dit-il, ai-je pas la mienne!

4 octobre 1608. — Le Roi (Henri IV) part à 9 h. 3/4 pour aller dîner à Ruel, y mène le duc de Mantone.

10 août 1610. — Mardi, à Paris. Éveillé à cinq heures par impatience d'aller dîner à Ruel, mené en carrosse aux Feuillants, il y entend la messe, déjeune. Il monte à cheval, est mené à Ruel, y est arrivé à neuf heures. A onze heures dîné, bu du vin blanc. Il fait le bon compagnon avec MM. d'Épernay, de Montbazon, Le Grand et autres seigneurs à qui il donnoit à dîner, les fait boire à sa santé, boit à la leur. A une heure il entre en carrosse et va Suresnes chez M. le contrôleur Parfait.

Le 20 septembre 1610. — A huit heures il monte à cheval, va chassant dîner à Ruel, y fait venir Mesdames. A onze heures trois quarts dîné. A trois heures et demie Mesdames Elisabeth de France, depuis reine d'Espagne, Christine ou Chrétienne de France nommée la Petite Madame, depuis duchesse de Savoie, Henriette-Marie de France, depuis reine d'Angleterre, s'en retournent à Saint-Germain et lui monte à cheval, il va à Suresnes chez le sieur Parfait, y a goûté, est ramené en carrosse à Paris.

Mercredi 3 novembre 1610. — A sept heures mis en carrosse, mené à la messe aux Feuillants, puis à Ruel où il arrive à dix heures, Messieurs ses frères (Alexandre et César de Vendôme) et Mesdames ses sœurs y arrivent et à onze heures ont dîné avec lui. A trois heures, remis en carrosse, Messieurs et Mesdames retournent à Saint-Germain et lui à Paris, il y arrive à cinq heures et demie.

Le 2 décembre 1610, jeudi à Paris. — A sept heures et un quart, il part aux flambeaux, entre en carrosse, va aux Capucins où il entend la messe, puis arrive à Ruel où il a dîné à onze heures y ayant à dîner à Madame, à Mme Christine et à Mlle de Vendôme. Ramené en carrosse il arrive à quatre heures et demie.

Le 1er février 1611, mardi à Paris. — Mené par la galerie aux Feuillants, puis monté à cheval; il vole en chemin et à dix heures arrive à Ruel où Madame et Mlles de Vendôme (Catherine Henriette depuis duchesse d'Etampes) et de Verneuil arrivent et à onze heures ont dîné avec lui. Joué au jardin, il fait voler les émerillons devant Madame, à trois heures elles s'en retournent à Saint-Germain-en-Laye et lui arrive à Paris en carrosse à quatre heures trois quarts.

Le 5 août 1612, dimanche. — Il va à Ruel où il dîne chez le sieur de Mouisset.

Le 4 juin 1611, mercredi. — A cinq heures levé, impatient de partir pour aller à Ruel, à six heures déjeuné, à six heures et demie il entre en carrosse, va à la messe aux Feuillants, arrive à neuf heures et demie à Ruel où il a dîné, s'amuse dans la maison. A quatre heures il monte à cheval, tire de l'arquebuse tout à cheval, tue quantité de petits oiseaux, va chez un menuisier, y fait faire deux petits châssis de son dessein, y travaille lui-même puis y pend tous les petits oiseaux.

Le 1er juin 1617, jeudi.—A Ruel dîné, il va s'asseoir à table avec la compagnie, y mange peu, va aux Grottes, y mouille, y est mouillé, revient à six heures chez la Reine.

Le 26 samedi juillet 1624. — Il soupe à Saint-Germain, soudain monte à cheval et part sur les mêmes chevaux qui l'avaient porté et va à Ruel voir la Reine sa mère, il revient de même à neuf heures.

Le 27 août mardi 1624. — Il part de Saint-Germain-en-Laye, va voir la Reine sa mère, à Ruel, y mange d'une tarte aux prunes de la façon du sieur François, écuyer de bouche de la Reine. De là il va au galop jusques à Versailles.

Extrait du Dictionnaire de Jal.

Le 11 avril 1635, Julius de Loynes, agent des affaires de Richelieu, paya à Évestre Augran, receveur des consignations de la cour des Aydes, la somme de 141,000 livres tournois en pièces d'escus doubles et simples, escus et pistoles d'Espagne et austres monnoyes, sommes que Michel Le Masle, prieur des Roches, chantre et chanoine de N.-D. de Paris et secrétaire du Cardinal, s'était engagé à payer au nom de S. E. le mardi 27 déc. 1633 pour le prix de la vente et adjudication faites au Cardinal par arrest et décret de Nos Seigneurs de la cour des Aydes du 27 août 1633, des chasteau et maison seigneuriale du Val de Ruel en Parisis, ci-devant saisis sur Nicolas Bailly, curateur aux biens vacants de feu M. Pierre Payen, légataire universel de deffunt M. Jean de Moisset (Aut. de M. Le Monnyer, not.), actes des 27 déc. 1633, 11 avril 1635.

Le Maslo avait payé à Augran, le 27 déc. 1633, 310,000 liv., en même temps qu'il s'était engagé à payer plus tard 111,000 liv. Le prix total de l'acquisition fut de 117,000 liv. Le Cardinal y dépensa ensuite en augmentations et constructions 772,000 liv.

MÉMOIRES DE Mlle DE MONTPENSIER (1627). Chéruel-Charpentier. 1866.)

1638. — L'on me fit passer par Ruel pour voir le Cardinal qui y faisait sa demeure ordinaire quand le Roi était à Saint-Germain, — p. 12.

1641. — Leurs Majestés allèrent à Ruel où je les suivis. L'on s'y divertissait assez bien. Mademoiselle de Menillant, pour qui j'avais de l'amitié, m'y tenait bonne compagnie.

La cour ne fut pas longtemps en repos à Ruel; elle s'en retourna en diligence à Paris sur l'avis de quelque sédition arrivée à cause d'un impôt qui s'appelait le toisé que l'on avait mis sur chaque maison qui devait payer une certaine taxe par toise,— p. 91.

1648. — Leurs Majestés sortirent de Paris sous prétexte de faire nettoyer le Palais Royal et allèrent à Ruel (13 septembre), — p. 181.

Pendant que la cour était à Ruel le Parlement s'assemblait tous les jours pour le même sujet qu'il avait commencé : c'était pour la révocation de la paulette et il continuait à fronder M. le Cardinal, ce qui avait plus contribué à faire aller la Cour à Ruel que le nettoyement du Palais Royal.

Monsieur couchait quelquefois à Ruel, — p. 182.

Je m'en allai à Ruel et j'arrivai comme la Reine allait partir pour Saint-Germain, — p. 183.

Dans le PROCÈS-VERBAL DE LA CONFÉRENCE *faite à Ruel par Messieurs les Députez au Parlement, chambre des comptes et cour des Aydes ensemble ceux de la ville publié en 1649 on lit :*

Du jeudy quatrième mars 1649.

Les députez pour la conférence de la Paix des compagnies souveraines et ceux de la ville s'estant trouvés sur les neuf heures du matin au logis de Monsieur le premier président au nombre de vingt-deux; scavoir treize du corps du Parlement,

trois de la chambre des Comptes, trois de la cour des Aydes et trois de la Ville, en
sont sortis entre neuf et dix pour aller à Ruel au lieu destiné pour ladite conférence,
lesquels ont passé par la porte Saint-Honoré, où ils furent arrestéz, au moins deux
heures en sortant, par les Bourgeois qui estoient de garde ce jour là, lesquels visi-
tèrent tous les chariots et bagages des dits Députez dont ceux qui estoient passez
les premiers accompagnez de la compagnie des Gardes de Monsieur le prince de
Conty avec leur cornette, attendoient lez autres qui estoient derrière jusqu'au dernier hors la ville, entre la dite porte et celle de la Conférence, où le sieur Saintot,
maître des cérémonies, vint les trouver avec la compagnie des Gardes de Monsieur
le Maréchal de Grammont qui estoient au bout du Cours-la-Reyne, pour les escorter
jusqu'à Ruel, aussitost les gardes du sieur Prince de Conty s'en retournèrent à
Paris et furent conduits ainsi avec autre escorte qui les vint joindre au Bois de
Boulogne au dit lieu de Ruel où ils arrivèrent sur les trois heures, et en entrant
hors la porte, le dit sieur Saintot leur dit et nomma à chacun les logis qui leur avait
esté marqué par les fouriers du Roy, où ils furent tous, et peu après le sieur Saintot
alla trouver Monsieur le premier Président qui estoit logé au logis de M. Croizet
garde-roolle de la grande chancellerie.

. . . .

Les Messieurs du Parlement étaient : le premier président Molé, les présidents
de Mesmes, Le Coignieux et Nesmond, Viole; ceux de la chambre des Comptes :
M. Nicolay, Paris, Léenyer; ceux de la cour des Aydes : Amelot, Bragelonne,
Quatr'omme.

. . . . . Les conférences eurent lieu au chasteau de Ruel, du vendredi 5 mars au
jeudi 11 du même mois.

Le traité fut fait et arresté à Ruel le onzième mars 1649.

Le lendemain vendredy douzième mars 1649, les dits députez partirent du dit
Ruel sur le midy et se rencontrèrent tous avec leurs carosses et chariots devant la
porte du dit chasteau, où ils le devaient attendre les uns et les autres et furent conduits et escortez par deux ou trois compagnies de Suisses en haye, tambour battant
jusqu'au lieu de Saint-Cloud, qui marchaient ainsi avec les dits carosses et les
gardes de Monsieur le Mareschal de Grammont devant et au bout du pont du dit
lieu de Saint-Cloud, du costé du Bois de Boulogne au lieu des dits Suisses, quatre
compagnies de cavalerie en trois escadrons les vint joindre dans le dit Bois où
estoit le dit sieur Maréchal de Grammont à cheval avec plusieurs seigneurs, gentils-
hommes et officiers qui les conduisirent jusques hors le dit Bois et les dits gardes
jusques à la porte de la Conférence au bout du Cours-la-Reyne.

Veue en Perspectiue de la Grotte de Roccaille du Jardin de Ruel,

Monsieur le Cardinal a aggrandi le parc de Ruel de beaucoup plus de la moitié par l'acquisition qu'il a faite de plusieurs terres, dont il y a des arpents qui ont cousté jusqu'à mil escus, d'autres mil livres, d'autres huit cents et ceux du plus bas prix à quatre et à cinq cents livres de sorte que ces acquisitions lui ont cousté au moins 80,000 livres.

Et comme c'étaient de bonnes terres labourables, des prés et des vignes et que c'est un terroir haut et bas, il a fallu les aplanir avec bien des travaux pour les réduire en état d'y planter de grandes allées ce qui a cousté avec le plan des allées plus de 40,000 livres.

Le jeune bois de charme qui est au bas du parc et le bois vert tiré des prés et des allées ont été entièrement faits, l'achat des plans, le grand rond et le remuement des terres ont cousté plus de 30,000 livres.

La recherche des eaux de dehors le parc, les conduits des eaux de plus de demie lieue, les dédommagements des terres par où on les a fait passer, les regards, le grand réservoir au-dessus de la cascade haute ont cousté plus de 60,000.

La cascade haute et balustrée des deux côtés de pierre de taille a cousté plus de 36,000.

La perspective, le pavillon d'auprès et deux autres autour des murs du parc et la glacière ont cousté plus de 30,000.

Le grand parterre qui a été relevé de trois pieds, avec le plan, a cousté plus de 10,000.

Le grand escalier et la grotte de la baleine qui est au bout de l'allée ont cousté plus de 50,000.

Bâtiments. — L'aile droite dans la cour du château a été bâtie entièrement; il n'y avait qu'un appentis en forme de petite galerie qui allait prendre le pavillon du côté du portail de la cour du château, la chapelle haute où l'on entre de la principale chambre du château, un cabinet, une petite garde-robe, une galerie au bout de laquelle est un pont; la terrasse balustrée de fer, fort haute qui borde la galerie tout du long a cousté plus de 42,000. Le grand jeu de paume a cousté avec le corps de logis qui regarde sur le parc et l'autre corps de logis qui regarde sur la rue plus de 58,000. La grande écurie avec un corps de logis et de grands logements, une cour de bâtiment de l'oisellerie, le carré d'eau qui est au milieu et l'agrandissement de la basse-cour de Mendosse ont cousté plus de 80,000.

Le grand corps de logis du château a été bâti tout de neuf et plus long de quinze pieds qu'il n'avait été; l'aile gauche bâtie tout entière et la chapelle dans la cour, couverte de dôme où il n'y avait jamais eu de bâtiments, les fossés qui étaient tout ruinés entièrement rétablis 130,000. Il y a plus de cent mille francs de fer et de

8

plomb à ce que Monsieur le Cardinal a fait faire. Toutes ces choses ont été faites depuis la première acquisition. La première acquisition était de cent quarante-sept mille livres.

Depuis que Ruel est à la duchesse d'Aiguillon, elle a fait refaire entièrement la cascade haute en l'état où elle est présentement, la grande nappe d'eau qui est ensuite de la cascade, le grand bassin du grand parterre, la fontaine de l'Étoile, la fontaine de la Paix, le grand jet d'eau du rond devant les fenêtres du côté du parterre, la cascade basse tout entière, le parterre d'eau tout entier et la grotte; enfin cent cinquante jets et cent nappes d'eau par des conduites nouvelles de plus de demie lieue, la conduite et la recherche des eaux qu'elle a trouvées.

Elle a fait faire la terrasse, les siégettes et balcons balustrés de fer tout autour du château du côté du parc, de l'arcade et des fenêtres, toutes les peintures et toutes les dorures à l'exception de la petite chapelle, car le nouveau bâtiment que l'on avait fait faire pendant l'absence de Monsieur le Cardinal n'était pas achevé à son retour. Tous les espaliers, tous les fruitiers, les pépinières et les potagers, de sorte que toutes ces dépenses reviennent à plus de 250,000 et le total monte à un million cent soixante-dix-neuf livres.

CATALOGUE DE L'ŒUVRE DE ISRAËL SILVESTRE, PAR L.-E. FAUCHEUX.

Page 107.

11. L'entrée de l'église de Ruel; — Israël excud. — 120 sur 87.
12. Veuë de costé de l'église de Ruel; — Israël exc. — 110 sur 88.

Page 120.

13. Veuë de la grotte et cascade de Ruel; — Israël exc. — 252 sur 131 de haut.
    Estampe gravée par Gab. Perelle.
14. Veuë de l'orengerie et de la perspective de Ruel. (Cette perspective était peinte); — Israël exc. — 249 sur 133.
    Estampe gravée par Gab. Perelle.
15. Veuë de la cascade de Ruel (la grande cascade); — Israël exc. Avec privil. du Roy. — 252 sur 133.

Page 122.

5. Veuë de la grotte de Ruel; — Israël Silvestre delin. et sculp.; — Israël Henriet exc. cum. privil. Regis.
    A Paris, chez Israël Henriet, rue de l'Arbre-Sec, au logis de M. le Mercier, orfèvre de la Reine, etc. — 168 sur 98.

---

287. Ruel.

Suite de 12 pièces, sans le titre, non numérotées.

Page 274.

1. *Dédié à Très Haute, Très Puissante et Très Pieuse Dame Madame la duchesse d'Aiguillon, Pair de France, comtesse d'Agenois et de Condomois. Par son très humble serviteur Israël Silvestre.*

   Ce titre est sur un piédestal, orné en bas de guirlandes de fleurs et de fruits; en haut, il y a les armes d'Aiguillon; dans la marge du bas, on lit : A Paris, chez Israël Silvestre, ruë de l'Arbre-Sec, proche la Croix du Tiroir, au logis de monsieur le Mercier, orfèvre ordinaire de la Reyne. Avec privilège du Roy, 1661. — 208 sur 125 de haut.

   Il y a deux états de ce titre :

   1er état. C'est celui qui est décrit.

   2e état. Au lieu de l'adresse d'Israël Silvestre, il y a : A Paris, chez van Merlen, rue Saint-Jacques, à la ville d'Anvers. Avec privil. du Roy. La date a disparu.

2. Veuë du chasteau de Ruel, du costé du jardin; — Israël Silvestre fecit. cum. privil. Regis. — 202 sur 118.

   Les petites figures dans le goût de de La Belle, sont de Lepautre.

3. Veuë d'un grand escaillier qui est au bout de l'allée de la grande cascade en descendans pour aller à la grotte de roccaille; — Israël Silvestre delin. Perrelle sculp. — 205 sur 121.

4. Veuë en perspective de la grotto de roccaille du jardin de Ruel; — Israël Silvestre delin. Perrelle sculp. — 206 sur 123.

   On connait deux états de cette pièce.

   1er état. Il n'y a point d'oiseaux dans le ciel, et le terrain situé sur le devant de la planche, entre la grotte et le trait carré, est nu.

   2e état. On voit des oiseaux dans le ciel au-dessus de la grotte, et le terrain compris entre la grotte et le bas de la planche, est couvert d'arbustes.

5. Veuë de la vielle grotte de Ruel; — Israël Silvestre delin. Perrelle sculp. — 205 sur 121.

6. Veuë de la grotte du jardin de Ruel et d'une partie du canal et bassins; — Israël Silvestre delin. Perrelle sculp. — 205 sur 123.

7. Veuë du bout du canal de la grotte du jardin de Ruel, et des fontaines et bassins; — Israël Silvestre delin. Perrelle sculp. — 209 sur 125.

8. Veuë de l'estans au-dessus de la grotte de Ruel; — Israël Silvestre delin. Perrelle sculp. — 206 sur 119.

9. Veuë de l'arcque du jardin de Ruel, où est l'orrangerie; — Israël Silvestre delin. Perrelle sculp. — 209 sur 124.

10. Veuë du je dean du Dragon au bout du parterre du chasteau; — Israël Silvestre delin. Perelle sculpsit. — 205 sur 121.

11. Veuë du bout de la grande allée de la grande cascade de Ruelle où se voit en perspective la grotte de rocaille; — Israël Silvestre delin. Perelle sculp. — 208 sur 124.

12. Veuë en fasse de la grande cascade du jardin de Ruel; — Israël Silvestre delin. Perelle sculp. — 208 sur 122.

13. Veuë d'une autre grande fontaine en glacis, et rond d'eau à costé du chasteau; — Israël Silvestre delin. Perelle sculp. — 210 sur 125.

Ces pièces existent aussi de 2ᵉ état, mais il n'y a aucun signe matériel qui le distingue; on ne peut le reconnaître qu'à la faiblesse de l'épreuve. Elles ont toutes été gravées par les Perelle sur le dessin de Silvestre, excepté le nᵒ 2 qui est entièrement de Silvestre. Les nᵒˢ 3, 4, 5, 9, 12 sont de Nicolas Perelle, et les nᵒˢ 6, 7, 8, 10, 11, 13 sont d'Adam Perelle.

14. Veuë de costé de l'église de Ruel; — Israël exc. — 110 sur 88 de haut.

Cette pièce fait partie de la suite nᵒ 55; — on en connait trois états; voir le nᵒ 55.

15. L'entrée de l'église de Ruel; — Israël exeud. — 120 sur 87.

Cette pièce fait partie de la suite nᵒ 55; — on en connait trois états; voir le nᵒ 55.

16. Veuë de la grotte de Ruel; — Israël Silvestre delin. et sculp. Israël Henriet exe. cum. privil. Regis.

A Paris, chez Israël Henriet, ruë de l'Arbre-Sec, au logis de M. le Mercier, orfèvre de la Reine, près la croix du Tiroir. — 168 sur 98 de haut.

Cette pièce fait partie de la suite nᵒ 61.

17. Veuë de la grotte et cascade de Ruel; — Israël exc. — 252 sur 131 de haut.

Gravée par Gab. Perelle. Il y a au bas, à droite, entre les deux premiers arbres, deux hommes debout qui paraissent n'être pas achevés, il n'y a que les contours de tracés.

Cette pièce fait partie de la suite nᵒ 62. Il y en a une copie dans l'ouvrage de M. Zeiller.

18. Veuë d'une grotte de Ruel gravée par I. Silvestre. — 79 sur 75 de haut.

Cette pièce fait partie de la suite nᵒ 68.

19. Veuë de la cascade de Ruel (la grande cascade); — Israël exc. avec privil. du Roy. — 252 sur 133. Gravée par Gab. Perelle.

Cette pièce fait partie de la suite n° 62. Il y en a une copie dans l'ouvrage de M. Zeiller.

20. Veuë de l'orengerie et de la perspective (peinte) de Ruel; — Israël exc. — 249 sur 133. Gravée par Gab. Perelle.

Cette pièce fait partie de la suite n° 62. Il y en a une copie dans l'ouvrage de M. Zeiller.

21. Veuë du chasteau de Ruel (en haut dans une banderole). — 119 sur 86. Gravée par Silvestre.

Il y a une bordure au delà du cuivre, qui montre que cette pièce est tirée d'un ouvrage, mais je ne sais lequel.

On sait que le château de Ruel a été bâti pour le Cardinal de Richelieu. Après lui il a appartenu à la duchesse d'Aiguillon, sa nièce, à qui la suite des treize premières pièces de ce numéro a été dédiée. C'est dans ce château que le Maréchal de Marillac fut condamné à mort, sous le ministère de Richelieu, en mai 1632. C'est aussi là que mourut à 61 ans, le Père Joseph (Joseph Leclerc), capucin, si connu dans l'histoire du Cardinal de Richelieu, et qu'on appelait l'Éminence grise.

Nous lisons dans le *Journal de Saint-Germain*, en date du 28 octobre 1881, quelques pièces de vers sur les jardins de Ruel.

SONNETS SUR LES JARDINS GRAVÉS PAR ISRAEL SILVESTRE.

I

Si vous le connaissez ce plaisir que l'on goûte
A découvrir enfin, dans un carton poudreux,
Des dessins peu connus, que le hasard sans doute
Réserve à votre esprit de chercheur curieux.

Vous saurez me comprendre. Or j'ai vu sur ma route
Le château de Ruel et ses jardins fameux :
Voici l'étang, la grotte et sous l'obscure voûte,
Les rocailles de jaspe et les flots écumeux.

Du parterre français, je cherche en vain la place,
Je cherche le château, je n'en trouve plus trace.
Que reste-t-il debout des superbes jardins?

Que reste-t-il du gouffre où tombait la cascade?
Rien que le souvenir... et quelques vieux dessins...
De l'homme ou bien du temps, qui donc le plus dégrade?

II

Du Cardinal ici tout rappelle et tout chante
La grandeur, la richesse et l'élégante cour...
Sa nièce d'Aiguillon accueillit la Régente,
Et, sous la Fronde, au Roi put offrir ce séjour.

Si du Vigean[1] fuyait, pour être postulante,
Condé qui l'adorait ici, mais sans retour,
Montausier[2] y voyait sa flamme si constante
A Ruel, recevoir le prix de son amour.

Des carrosses, un jour, que l'on vit à la grille
Suivre la Du Barry qui cherchait un asile,
Longtemps on a parlé — mais adieu les beaux jours.

Partout dans les bosquets, les pamphlets et la brigue,
Partout le trouble au lieu des tranquilles amours,
Le dédain pour la cour et la coupable intrigue.

III

DUCHESSE DE RICHELIEU, NÉE PRINCESSE DE GUISE.

On voit encore la statue dans un jardin du boulevard Saint-Cloud, 35, dépendant de l'ancien
Domaine.

La statue est debout bravant tous les orages...
De ce peuple nombreux de faunes et d'amours,
Seule, elle a survécu sans recevoir d'outrages;
Sur le vieux piédestal, elle trône toujours.

Sous les traits de Minerve, à l'ombre des bocages,
La princesse de Guise étale, comme atours,
Le casque et la cuirasse, et, sage entre les sages,
Elle sut défier les scandales des cours.

1. Mⁿᵉ du Vigean, amie de la duchesse d'Aiguillon, quitta Ruel pour se faire carmélite.
2. Le mariage du marquis de Montausier avec Mⁿᵉ de Rambouillet Julie d'Angennes eut
lieu à Ruel le 4 juillet 1645.

Au château de Ruel pour peindre la sagesse
S'offrirent aussitôt les traits de la duchesse...
Et nous, passant obscur, après cent cinquante ans,

Admirons de Fronsac l'épouse délaissée,
Admirons la vertu qui triomphe du temps
Et respirons la fleur dès le printemps froissée.

IV

L'Étang.

Autour du vieil étang, j'aime évoquer l'image
De ceux qui, de Ruel, jadis formaient la cour.
Des poètes du temps, je surprends le langage,
J'entends l'écho des vers qui chantent ce séjour.

Si du Père Joseph je revois le visage,
Sur la barque j'écoute un doux parler d'amour,
Des chanteurs italiens j'applaudis le ramage,
De Marillac je vois luire le dernier jour.

Plus tard je vois passer, près de cette eau qui gronde,
Le Parlement hautain envoyé par la Fronde,
Mazarin inquiet se promène en ce lieu;

Il impose la paix aux frondeurs, à la Reine,
Il évoque en marchant l'âme de Richelieu
Dont l'ombre plane encore sur les eaux du Domaine.

V

Les Parasols de Gênes.

Sur la gravure, on voit dans l'orangerie,
Et le long du treillage, un sémillant seigneur
Causer près d'une belle avec coquetterie;
La dame sous l'ombrelle a caché sa rougeur.

Est-ce un des parasols que par galanterie
Richelieu demandait à son ambassadeur
Après la longue épître, où, non sans duperie,
Il dictait des traités et parlait en vainqueur?

Envoyez à Ruel, écrit-il, ces ombrelles
Qui dans Gênes jadis ombrageaient tant de belles,
Et la main, qui signa le trépas de Cinq-Mars,

Qui pesa tant de fois sur les Grands et l'Autriche,
Écrivit des ballets, protégea les beaux-arts
Et dans Mirame fit plus d'un plat hémistiche.

VI

J'aime à voir ce vieux parc, j'aime sous son ombrage
Me rappeler le temps et les jours d'autrefois.
Que de vieux souvenirs, au milieu de ces bois,
Semblent ici renaître et parler d'un autre âge?

L'étang a reflété plus d'un joli visage,
Les échos ont redit plus d'une douce voix,
Grands seigneurs, cardinaux, poètes ou bourgeois
Le long du vieux canal ont peuplé ce rivage.

Et que de gens ont fui les plaisirs de la cour
Les procès, les tracas, les intrigues d'amour
Pour chercher dans ce parc un baume à leur blessure.

Ont-ils pu rencontrer le calme et le repos?
Ont-ils cherché le ciel à travers la nature?
S'ils ont découvert Dieu, c'est la fin de leurs maux.

VII

Promenade dans les Jardins du chateau de Ruel.

Ici, de Richelieu plane encor la grande ombre;
Mais que nous reste-t-il des somptueux jardins?
Un vieux vase, un étang, puis une grotte sombre
Et quelques rejetons de vieux ifs et de pins.

Des mémoires du temps, j'ai lu souvent les pages,
Aux lieux même décrits par le charmant conteur,
Je respirais vraiment les parfums des vieux âges
Et l'écho répétait le nom de Monseigneur.

ANCIEN PARC DU CHATEAU
DE RUEIL
dit Jardins du Cardinal de Richelieu
et Parc Masséna
ECHELLE DU PLAN
N

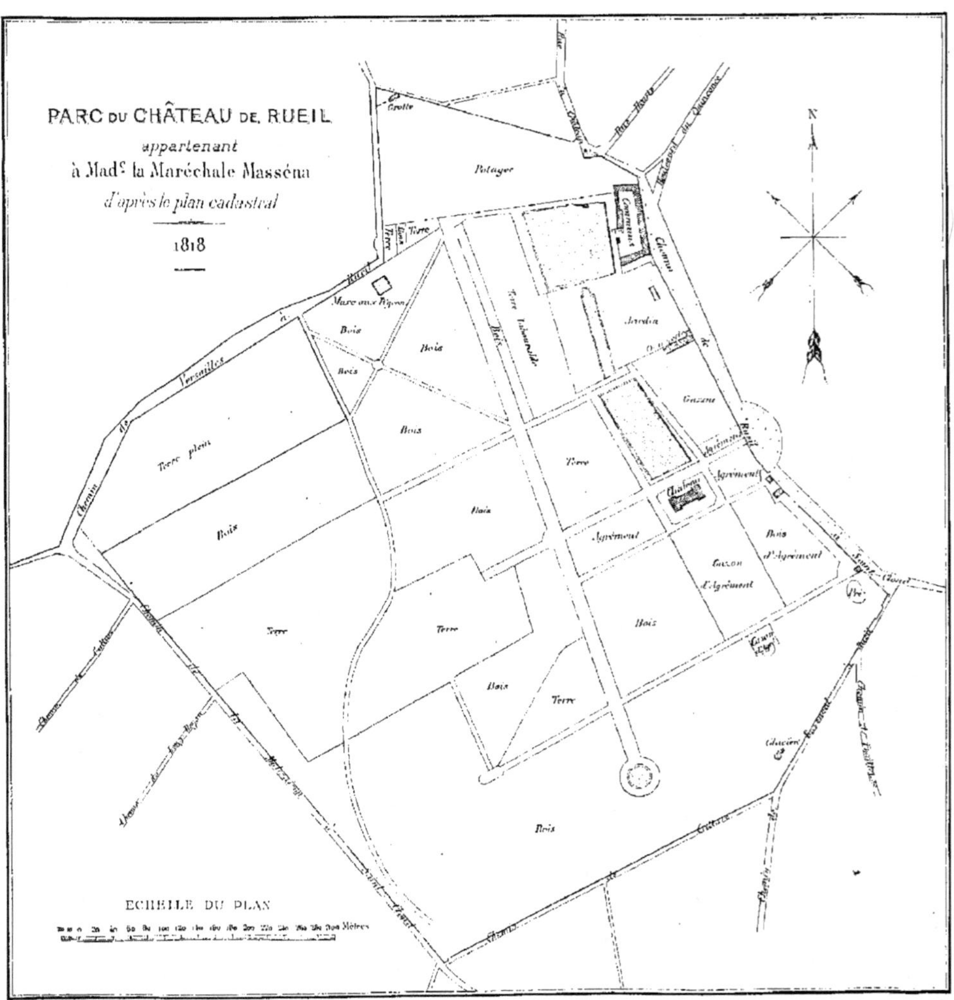

PARC DU CHÂTEAU DE RUEIL
appartenant
à Madᵉ la Maréchale Masséna
d'après le plan cadastral
1818
N
Grotte
Potager
Terre
Terre
Communs
Mare aux Vignes
Bois
Bois
Bois
Bois
Terre labourable
Jardin
Gazon
Agrément
Terre plein
Bois
Terre
Chalette
Agrément
Bois
Bois
Agrément
Gazon
d'Agrément
Pré
Terre
Terre
d'Agrément
Bois
Terre
Bois
Chaume
Bois
ECHELLE DU PLAN
Mètres

Sont-ils charmants ces vers adressés à la Reine
Que le poète un jour a vu se promener ;
Il osa demander quelle était cette peine
Qui la faisait ainsi tristement cheminer ?

Il osa murmurer : « Vous êtes bien songeuse »
Et cherchant, dans l'allée, une rime à ce mot,
Il dit : « La rime veut que j'écrive amoureuse. »
La Reine Anne rougit mais sourit aussitôt.

J'ai lu, près du canal, le Cid du grand Corneille,
Sans craindre de blesser le jaloux cardinal ;
J'imagine sans peine ici plus d'une oreille
Préférant le Corneille au Prélat, son rival.

Dans ce coin de la terre, on chérissait la France,
On rêvait sa richesse, on cherchait sa grandeur.
Un jour, cette demeure, où régna l'Éminence,
Abrita le soldat qui toujours fut vainqueur.

Masséna qu'on nomma l'enfant de la Victoire,
Après ses grands combats, y trouva le repos ;
C'est ici qu'on planta les témoins de sa gloire,
Ces lauriers que reçut autrefois le héros.

En deux cents lots, le parc maintenant se divise,
Les arbres dans des murs tous sont emprisonnés,
Et deux cents Ruellois vont respirer la brise
Qui caressa longtemps tant de fronts couronnés.

HORTI RUELLANI

AUTHORE SALOMONE PRIEZACO

In Monetarum Curia Senatore.

Ad Amicum.

Jam verna nobis arridet tempestas, amice charissime, novis pingitur terra coloribus, arboresque hieme devenustatæ, virenti tandem coma frondent et lasciviunt. Hæ dulces reducis Veris illecebræ, annuaque lenocinantis naturæ miracula, nos ad rura invitant et alliciunt ; animos juvat variegata hortorum facies, umbrosa silvarum opacitas, viridantes riparum thori, fluctuantia frontium specula, nec minus immur-

murantium rivorum placiti strepitus, aviumque modulati concentus, aures leniunt
et titillant. Advola, ergo, et ab urbis et studij contentione egressus, ad animi re-
missionem descende; nec enim suburbanum praediolum, non rusticam villam,
parvumque tugurium subibis, sed Ruellanos hortos, sed divites et superbos campos,
in quibus si diutius moreris, humanissima sensim compleberis voluptate. Adsis,
igitur, et e limine binas contemplare ambulationes, frondosis definitas arboribus quæ
solitam egressæ altitudinem, frequentium ramorum densitate, solis radios cœlique
conspectum summovent : has pænes tranquillum torpet stagnum, è cujus sinu
æternus scaturit fons, qui plumbeis decurrens fistulis, per siphunculum in altum
erumpens, jucundo fragore in se cadit, et argenteas evomit undas : hic candidi
degunt olores, hic sacri pisces innatant, qui pinnulis aquam fulcantes, libero æquore
exspatiantur. E regione secretum sese offert musaicum, seu ludentium nympharum
domus, cujus camerato tholo pretiosæ affixæ conchæ, opere ingeniosissime vermi-
culato, dulci quodam splendore nitent, et coruscant; lapidibus varie sectis deco-
rantur latera, ipsumque pavimentum minutis thessellis effigiatum lucet, et quod
magis mirum est, exsiliunt undiquaque tenuia aquæ filamina, tanto impetu et celeritate, ut inexspectata eruptione, ingressos rorent, gratumque reddant concentum :
ea namque est aquilegis ars, ut ad libitum, fontis fonces laxet vel includat, eliciat
vel comprimat, idque dispositis fit epistomijs, quorum versata manubria, modo nares
patefaciunt, modo obturant. Eadem serie bini occurrunt fontes, quorum aquis peren-
niter affluentibus, subjacens canalis intumescit ; horum cernere est structiles can-
tharos, tam rudi et incompta materia constructos, ut non arte sed rusticantis naturæ
manu elaborati videantur, ea tamen forma spectabiles, ut illorum alius explicatum
et evolutum imitetur fungum, alius in pyramidem turbinatus in plures distinctosque
circinetur orbes. A lateribus diffusas vestiunt, et opacant pergulas frondiferæ arbores ;
quarum aliæ geniculatis ramorum nodis in orbem conglobantur, aliæ mutuis mari-
tantur amplexibus, aliæ audaci supercilio, in proceritatem efferuntur, æternam
servantes frigiditatem, dulcemque peregrinis umbram præstantes. Hinc ingentia
subjiciuntur prata, tot versicoloribus gemmis tamque variegatis picturis efflorescentia
ut tellus in certamen usque luxuriet, et in tanto fertilitatis gaudio superbiat, illorum
virentibus smaragdis, culinisque herbescentibus pascuntur oculi, grataque soli
facies, tot florum coloremque varietate, velut phrygionum Attalicis peristromatis
ornata splendescit. Ex adverso quadratum quiescit stagnum, quod vitrei instar
æquoris, aliud nobis sub aquis cœlum repræsentat, acceptasque hominum et ani-
mantium reddit imagines : hic nulla mugit reboatque tempestas, spumosis numquam
albescit cumulis, sed zephiro clementer aspirante, tremulis undis aliquando cris-
patur. E medio illius alveo ulmis opacata rupes assurgit, cujus silentium fidem mihi
numinis facit, et animum quadam religionis percutit suspicione : nec equidem fallor,
hic enim Naiadum regnum, hic frigus opacum captat Amor, vacuamque premit cer-
vice pharetram; hæc nudis hospita napæis, hæc æternæ quietis amica, hæc placidæ

servatrix umbræ, cujus ita grata est et amabilis densitas, ut ab æstuantibus solis ardoribus nymphas defendat, ac tuetur. Hujus piscinæ affluentes aquæ, per prona labentes, et in modicam sese exonerantes vallem, humidum hortum formant, et præscribunt, cujus, opere topiario vernantes areolæ, velut nascentes insulæ, liquidis et salientibus ambiuntur undis. E medio limpidus exsurgit fons, qui plumbeis inter-clusus tubis, per regiæ coronæ deauratos flosculos emicat et erumpit : hunc juxta, arcanum nigrescit antrum, cujus ita est humecta et uliginosa fornix, ut spectatissime illachrimetur, et tenui semper stillet sudore. Nec minus sane animum movet numerosi carpineti occursus, in varias modo distincti semitas, modo in plurimas figuras concisi, hinc infinitis illusi diverticulis, cui superbientis cryptæ vicinium, non parum decoris affert et ornamenti; in illa quippe, si thessellati operis gratiam et leporem contempleris, gaudentem in conchis miraberis naturam, eo figurarum discrimine, ut aliæ striatæ et dimidio orbe cæsæ, aliæ dentatæ, et ad buccinam recurvæ videantur, convexo lacunari velut affixæ cælo stellæ, blando igne fulgurantes. Has inter pendent innumeri lapides, quorum alij exesi ad rupium formam effigiantur, alij capillati in ramos erumpunt, alij crispi in pyramides lente fastigiantur, ita nitidi, ita expoliti, ut marmoreas parietum crustas et imagines longe antecellant. Sed, ne diutius immorantium oculi tot stellantibus fulgoribus perstringantur, ad patentem progrediamur xystum, incognitum huc usque me invitat voluptatis aucupium; subeuntibus etenim sese offert lapideus clivus, qui malis aureis numerosus, et in æquales divisus gradus, placide ac sensim in collem extollitur. In medio marmorei eminent lapides, alij in undas flexuosi, alij in sinuosos excavati orbes, quibus e vertice influentes aquæ, tam assiduo cadunt saltu, et volubili girantur vertigine, ut modulato fragore immurmurantes auribus leviter blandiantur. Eodem impetu ejusdem fontis non dissimilis aqua, a lateribus exprimitur, quæ lato sinu gradatim labens, velut ventis agitata, exundat, mox eadem excepta cœnatiuncula, per angustum canalem, confuso currit agmine, eaque celeritate sese urget et sequitur, ut non tam loci devexitate quam sui copia impelli videatur.

> *Ecce supercilio clivosi tramitis undam*
> *Elicit illa cadens, raucum per devia murmur.*
> *Saxa ciet, scatebrisque arentia temperat area.*

Quod si deambulatione fatigatus, quiete velis æstum temperare, faventem nobis præstat umbram vicinius lucus, cujus diffusa solitudo et silentium, non tam sunt irritamenta voluptatis, quam cogitationis incitamenta. Secretos quærit Apollo secessus, arcanas amant Musæ trichilas, nec gratiori unquam animus fruitur oblectamento, quam cum sub arboribus, procul ab undoso urbium tumultu meditatur, mærorem levat benigni aeris aspiratio, labores lenit nemorum aspectus, et modificatæ minurientium avium querelæ, curas fallunt et tranquillant. Sub carpini ergo istius opacitate quiesce, et murmurantem audi tantisper lusciniam, qui densante se frondium germine, continuo spiritu, nunc vocem trahit in longum, nunc variat inflexo, nunc distinguit concisso, ita acutus, ita creber, ita extentus, ut in animosa contentione cantusque certamine, sæpe intercidat. Te circum sonantes ac velut salutantes audi cæterarum alitum choros; vide ut merulus sibilat, ut garrit acanthis, ut passer pipit, ut pica conviciatur, ut hirundo trinsat, ut graculus frigulat, ut trutilat turdus, ut regulus zinzilulat; harum voces et moduli, tot sunt animi delinimenta, tot aurium illecebræ, tot sensuum incantationes. In ejusdem nemoris spatio, duo scaturiunt fontes, quorum alius fossis obvallatus et se in sublime efferens, salubres effundit lymphas, alius violento impetu, per versatilis draconis ora saliens, spectantes madidat, lætamque præbet risus ludique materiam. Non procul, miranda cernitur scenographia, cujus pictura, ea colorum fraude, linearumque ductu, vetus nobis ac semirutum exhibet atrium, ut verum ac tripatens esse credamus : in eo lapideæ eminent columnæ, capitulis et coronicibus decoratæ; hinc variæ hominum et animalium imagines, exesique ac pallentes lapides, eo penicilli successu, ut certis in partibus, perobscuris foraminibus et rimis, præ vetustate fatiscens murus dehiscat : extra hujus atrij limen, liberum conspicitur arridentis cœli spatium, lætusque monticuli vestitus, cujus clivosum jugum ita aperte intuentibus objicitur, ut viridantes cespites tritasque semitas oculus procul discriminet ac discernat. Ad illius radices, tres consurgunt dearum statuæ, quæ suis impositæ stilobatis, ita sculptoris manum redolent, ut vere marmoreæ et spirantes ab omnibus indicentur, et tamen, si totum opus curiosa attingas manu, meram picturam, et ludicras præstigias adinvenies. Taceo odoriferam citrorum et aurantiorum silvam, alio mo vocant gemmantes elegantis horti areæ, quæ blandis florum ocellis vermiculatæ, variis ac vibrantibus coloribus effulgent : Advola ergo, et circumspice subdiales et hypæthras pergulas, tonsili buxo definitas, et amœnis irriguas fontibus; resupinos ac redolentes contemplare pulvinorum thoros, cerne hæc agmina florum et augmenta, illum e calice, hunc e vagina, alium e gemma protuberantem; illorum nativam mirare purpuram, hunc sanguineam, hoc ebur, hanc flammam, hoc aurum, hosce colores, quos artifici cuique penicillo æmulari fas est, non imitari : cœlum hic habes, non hortum, nec astrorum illi ignes magis nitent, quam sui scintillantes, micantesque radij. Sciscitaberis forsan et inquires, amice charissime, quis sit tam venusti et renidentis loci princeps et numen, nec sane sine responso evades : scies enim Eminentissimum esse *Cardinalem Richelium*, venerandum illud Galliæ Palladium, totiusque pene orbis domitorem, qui non tam murice, quam proprijs virtutibus conspicuus, tanquam lucidum sidus affulget et inclarescit, ita clemens, ita severus, ita comis, ita gravis, ut sui amorem et metum animis simul infundat et inspiret. In hortis quippe summus ille naturæ genius, præcipuas ac nobiles imperij Gallici curas capescit, legitima aggreditur bella, novosque meditatur triumphos. Sive enim invictissimus noster *Ledoicus* in exteras gentes inimica moveat arma, sive ad expellendos e regno hostes acies instruat, illius ductu et consilio, feliciter domantur Germani, vincuntur Belgæ, Bohemia subigitur, Italia occupatur, capitur Austrasia, Hispania terretur, liberatur Gallia, et innumeræ terra marique partæ victoriæ reportantur. Jactent ergo suos, quantum volent, Persæ paradisos; laudent pensiles hortos Ægyptii; suo rure glorietur Attalus; Midæ roseta extollat antiquitas; solos ego Ruellanos Hortos prædicabo : Ea enim est hujus loci amœnitas, et omnium fere rerum affluens opulentia, ut speciosissimis illis non cedat miraculis.

POÈME DES JARDINS PAR LE P. RAPIN.

HORTORUM, *Liber Tertius.*

Aquæ.

Cuncta Ruellæo poteris quæ visere ruri :
Insignes tot ubi, tam magnis sumptibus, undas
Extudit egregii monimentum illustre laboris
Richelius, magnis ferret dum pondera rerum
Consiliis, regnique vices pro rege teneret.
Hic et digestos, vario discrimine, fontes
Aspicias duci in præceps, sursumque reduci;
Inque omnes motus, et in omnes ire figuras.
Hic et aquæ jactum patulo vomit ore Chimæra,
Horrendum stridens, torrens it fusus ab ore
Undivomo, spumantque rotati gutture, fluctus,
Et dum se partes motus draco versat in omnes,
Terret circumstans violenta aspergine vulgus.
Inde tubi molem incurvi venator ahenus
Tendit in excubiis positus, mortemque minatur
Verum fatifera plumbi pro glande, repentes
Ejaculatur aquas, et torto flumine sævit.
Frustrati risus vulgi, plaususque sequuntur.
    Sed quid speluncis memorem quàm multa sub altis
Ars ludit per aquam, cum desuper intus ab imbre
Artifici, scatebrisque frequens stridentibus omnis
Perpluitur locus, et latices rumpuntur aquarum,

Insultantque solo : salientes undique rivi
Grandibus humectant guttis pendentia saxa.
Sed quos non lusus antri, fontisque magister,
Quæ non per dociles molitus ludicra lymphas?
Quamvis ista velint aliis præstare jocosæ
Naïades, antra levi si quando scrupea topho
Moliri, liquidosque parent inducere fontes
Antris, et lapides ipso ex oriente petitos,
Atque Erytræa suæ conchilia nectore rupi,
Ædificent alii manantia fontibus antra,
Pumice multicavo, vel conchis summa lacunent,
Quas in diversas concinnent rite figuras.
Omnia quæ melius proavis incognita nostris,
Hæc inhians oculis quærat spectacula vulgus,
Quæ populo exhibeat, per tempora certa magister.

   Tu grandes prudens et aquas, et seria rerum
Semper ama : lapsus quo sit librandus aquarum
Disce modo : labris ut magna capacibus altos
Impleat unda lacus, fluvios imitata fluentis,
Stagnave tranquillæ referens spatiosa paludis.
Ipse tuæ si jactus aquæ satis oris habebit,
Accipiat fontem largum, longeque remittat.
Nam placet ubertas in fontibus, ipsaque semper
Copia, quæsiti pars est et magna decoris.

   Nec simili libranda modo, similique figura
Est aqua per jactus, in aquis si ludicra quæras,
Effingunt alii profusos jactibus imbres
Multifidis, alii radios, et lumina Solis,
Emissas alii cornu e stridente sagittas :
Ast alii rapida fluctus vertigine raptos
In præceps, Siculæ ceu parva exempla Charybdis
Orbis in angusti labro describere tentant.
Unda agitata salit : ceu cùm crepitantibus ardens
Æstuat in flammis liquor exultantis aheni.

   At de præcipuo latices errare jubebis
Fonte redundatos, crebrisque excurrere rivis,
Per campum; ipsi etiam stagnum accipiantur in amplum
Currentes rivi, ne quid perdatur aquarum.

   Nunc quibus errantem frænis ars temperet undâ,
Dispensetque omnes, sua per divortia, rivos,

Describam; licet indociles aqua libera per se
Ire vias semper velit, obsequiumque recuset :
Ipse tamen poteris rivis imponere morem,
Et certos illis per humum describere cursus,
Erroresque viæ ambiguos, flexusque locorum :
Quos unda interdum cursu fraudata tenebit
Legitimo. Rivi crebris nam sæpe morandi
Flexibus, et jussa per campum ambage tenendi.
    Talis Amymone patriis erravit in agris,
Postquam Neptuni primos audivit amores.
Nam virgo infelix violatæ plurima famæ
Permetuens, sese cursu vitabat eodem
Atque sequebatur : nondum se forsan amantis
Senserat illa Dei factam, de numine, rivum,
Qui pariter fugiens sese, pariterque secutus,
Circuitusque trahens, sua per vestigia, longos,
Implevit variis Dircæum erroribus agrum.
    Fusi igitur per mille vias fugientibus undis
Undique discurrant, secto sub gramine, rivi.
Pars rapidis passim, loca per prærupta, fluentis
Præcipitet; qualis multo tumefactus ab imbre,
Dat sonitum saxis glomerato vortice torrens.
Pars timido cursu per humum trepidare laboret
Obliquam, sed nullus obex cuncletur euntem :
Perstrepat ille cavas, arguto murmure, valles;
Insultansque solo tenues assurgere in iras
Discat, et imbelli jam saxa lacessere pulsu;
Jam ripæ intentare minas, et littora circum
Nec quicquam obstrepere, et spumis aspergere truncos.
Quique fluit jam parcus aquæ, raucoque per herbam
It strepitu, tenuis sine re, sine nomine rivus,
Si quando rivos, vicina ô valle, minores
Accipiat, quondam in magnum se tollere flumen
Audebit, pontesque pati, grandesque phaselos :
Iste suos aliis ardens confundere fluctus
Fluctibus, invita cursum festinet arena :
Ille autem incertus fluere, oblitusque moveri,
Obscuræ seu pacis amans, seu fontis egenus,
Volvat lentus aquas, et ad obvia quæque moretur,
Errorum impatiens; non illum cymba, nec ullus

Naviget haesurus, sicco sub flumine, linter.
Exultet molles laetissimus iste per herbas,
Aut musco in viridi : dum silvis ille sub altis,
Rauca gemit, callesque minis objurgat iniquos.
Si quis erit, varios tendat qui flectere cursus,
Aut tua prata riget limphis, aut sternat opimo
Rura luto, camposque ferax oblimet inertes.
Si tamen altus eat, multa est tibi mole docendus
Haerere in ripis, et molli parcere prato.
   Cùm vero rivi rumpuntur fontibus, et cùm
Vero natant udo valles, atque imbribus atris,
Prata, nemusque, solo contra defende regesto :
Ne campum labes ultro se fundat in omnem.
   Utque omnes rivos eadem non forma decebit,
Sic et diversas rivis intendere ripas,
Riparumque toros vario discrimine disce.
Floribus hos, illos herbis, et gramine puro,
Atque laborati protende crepidine saxi.
Obscenas ripis velet sua canna paludes,
Aut celebres fulicis, ranisque loquacibus algae.
Nulla tuos ornet, puro nisi gramine, rivos
Herba, fluat nitidis ubi fons argenteus undis,
Aut aequale solum fulva sternatur arena,
Quod virides ulmi praetextu frondis opacent.
Nam rivi ornandi ripis, cultuque juvandi.
Dumque ibunt jusso, loca per declivia, cursu,
Vallibus esto viae faciles; nullique morentur,
Si properent, lapsi, ripa è pendente, lapilli.
   Fontibus ipsa autem, rivisque frequentibus, omnis
Silva sonet : nemorum turbate silentia, fontes,
Murmure non uno, turbate silentia, rivi :
Perque omnes luci flexus, aditusque viarum,
Undique sint latices, animos qui frondibus addant.
   Dumque suis, oculosque tuos animumque tenebunt
Deliciis rivi, permulcebuntque morantem,
Fors erit, ut miserae infelix fortuna recurset
Biblidis, et doleas mutatae fata puellae :
Ipse etiam tibi forte suos Alphoeus amores,
Atque suos Arethusa, tuis monstrabit in undis ;
Fors erit, ut dicas, quando te rivus habebit :

Sic ibat Simois, sic tu, Penee, fluebas,
Sic Hypanis, sic Volscus aquas Amasenus agebat,
Pattheniusque rapax, et currens lene Melanthus,
Atque Borysthenio tumefactus ab amne Dyraspes :
Prisca olim vacuos tenuit cum fabula vates.
    Ars etiam, reliquis cum fontibus, addere et horto
Magnarum certos lapsus monstravit aquarum :
Quales abrupti per summa cacumina Juræ,
Perque Alpes ipsas, de rupibus ire videmus,
Et sola terrarum per præcipitata refundi.
Et perhibent, qua parte gravem devergit ad Arcton
Americe, duroque rigens Aquilone movetur,
Trans magnum Oceanum, ripæ Canadensis ad oram,
Inter perpetua nigrantes abiete lucos,
Præcipites altis labi de montibus amnes,
Cum sonitu horrendo, tanto perculsa tumultu
Ripa omnis gemit, et valles, silvæque profundæ.
    Hosque Ruellæis imitatæ Naïades hortis,
Undarum casus, alta de rupe, ruentum,
Artis opus summæ, virides fecere per hortos :
Quo se animi simul oblectent, oculique tuentum.
Ardua stat cœlo rupes, et rupe sub alta,
Ingens multarum se copia rumpit aquarum,
In præceps, crebra spumant aspergine fluctus,
Perque gradus fracti certos, et iniqua locorum :
Fit sonitus : ceu cum torrens infrænis ab alto
Monte ruit ; terra ingenti gemit icta fragore,
Substrati silices, rorataque saxa fluentis
Planguntur fluctu, toto sonat avia luco
Horrendum tellus, longe omnis silva resultat.
    Illud aquis fatum fecisse Pelasgida Sappho,
Tum perhibent ; profugum cum desperata Phaonem
Nympha, per Ambraciæ fines sequeretur, et altam
Leucada jam cursu ascendens superasset anhelo :
Et vix constiterat summæ sub vertice rupis,
Actiacum tristis, quantum patet, aspicit æquor,
Quod suberat rupi. Sic Lesbia Naïas illi
Monstrarat, duros ut aquis extingueret ignes.
Quod prior ipse olim Pyrrhæ labefactus amore
Deucalion, misero dederat solamen amori.

10

Sed dum rupe gravem casum meditatur ab alta,
Ipse pater vatum, saxo qui præsidet illi,
Carminibus celebrem Nympham, miseratus Apollo,
Fecit aquam : cui se mittendi ò rupibus altis,
In præceps, et adhuc amor, ingeniumque relictum est.
    Si tibi forte jacens æquali contigit hortus
Terrarum tractu, cui nullus tubere dorso
Immineat collis, præruptave vertice rupes,
Unde caducarum lapsus modereris aquarum :
Ipse reclinato clementis ab aggere clivi
Ordinibus longis lapsuros digere fontes.
Undarum lapsus sic est metata suarum
Nympha Liancurti; namque horti margine in ipso,
Rivorum longos, herboso ex aggere, lapsus
Disposuit, sed non celsa de rupe, cadentum.
    Par ratio hujus aquæ, thalamo quæ fusa sub æquo,
It lævi de rupe fluens, interque fluendum,
Tenditur, attonsis ceu cum mantilia villis,
Carbaseive sinus cœlo panduntur inani,
Sic gracili labens se textilis unda fluento
Explicat, et lato exundans se margine tendit.
    Non tamen hos lapsus, non hæc ludicra requiras,
Si latis tibi stagna patent ingentia ripis,
Atque effusa labris, thalamisque capacibus unda
Ducenda in rivos, et agrum fundenda per omnem.
    At mihi dicendis hortorum in grandibus undis,
Grandius ora soneut, vestro de munere Musæ.
Te primum terræ ingentes aperire lacunas,
Extra alios fontes, et in inferioribus hortis,
Præcipio : quo se errantes demittere rivi
Assuescant, fontesque omni de parte redundent.
Nam neque tam graciles rivi, fontesque placebunt,
Quam magni tractus undarum, atque æquora lata,
Immensos longis imitata cubilibus amnes.
Proinde cavos seu forte lacus, quadrataque ripis
Stagna pares, late grandi effodiendus hiatu
Alveus, abscissa circum tellure, patenti
Æquandus thalamo fluviorum, altæve paludi.
Ipsum autem vallum, circum supraque, quod omnem
Continet amplexu ripam : ne forte sub undis

Persidat, quadri fundandum pariete saxi,
Cæmentique solum multa compage tenendum.
Namque ipsi et lapides, ipsa et cæmenta fluenti
Subsidere et aquæ interdum, et fecere ruinam.
Ergo ne dubita firmas opponere moles,
Omnes per stagni ripas, spumantibus undis,
Aggeribus murorum, et aquas sua ripa refrœnet.

LETTRES DU CARDINAL DE RICHELIEU

Année 1632.

A M. de Bordeaux, 24 juillet.

Je crois que M. Mercier a raison de vouloir mettre une poutre à chacune des
grandes chambres dont on retire les planchers dans le corps de logis du vieux bâtiment et d'y mettre de nouveaux soliveaux car les vieux sont gauchis parce qu'il ne
faut rien faire que de bon. Sy la peinture peut servir, elle servira, sinon il faut
prendre patience.

Je suis bien content de ce que vous me mandez des nouvelles de mon parc.

Je suis bien aise que vous donniez ordre à ce que les bâtiments du château ne
demeurent point ainsi. Au contraire que nous en puissions voir la fin cette année.

Il faudra bâtir l'aile... dont vous pourrez dès à présent faire marché avec Finot
par l'advis du dit sieur Mercier.

. . . .

Faisant faire quelques fontaines et ornements en une maison que j'accomode
auprès de Paris le sr Franchine m'a donné advis de vous escrire pour veoir si vous
me pouvez faire venir quelques statues de marbre et un bassin de marbre d'autant
qu'il dit que telles pièces n'estans pas vrayes antiques on les a à fort bon marché.

J'aurois besoin particulièrement d'une statue qui n'eust que d'environ trois pieds
de hault, d'un bassin de belle façon qui eust un pied et demy de diamètre pour lui
mettre sur la teste. Si vous faictes faire cela expres, il fault que la statue se tienne
avec les deux mains sur sa teste, le tout selon la plus belle invention du sculpteur.
Vous vous souviendrez qu'estant pour une fontaine, il faut que la statue et le bassin
soient percés.

Quant aux autres statues, cela dépend du hasard avec lequel vous les recon-
trerez.

. . . .

M. des Roches saura à Florence combien on voudrait des statues qui s'ensuivent de bronze.

Le Juppiter de six pieds de hault qui aurait le visage du feu roy, une corone sur sa teste et son sceptre en main vestu en Juppiter à l'antique.

Une Junon de même grandeur qui aura le visage de la reine, les yeux un peu tournez au ciel lequel elle monstrera d'une main y tendante.

Un Dieu terminus de neuf pieds de hault faict à la fantaisie du sculpteur pour être mis sur une colonne au milieu du jardin.

Un Hercules de huit pieds tenant sa massue en l'air percée pour qu'elle puisse jeter de l'eau. (Bibliothèque nationale, fonds Baluze. Correspondance d'Avenel, 5 août.)

Des Roches dans sa réponse fait une assez longue explication sur les objets d'art que demande le Cardinal et ne laisse pas de contredire quelquefois ses idées. Ici, par exemple, il ne veut pas que la statue tienne le bassin des deux mains.

Quant au Dieu Terme, il critique la pensée de le placer sur une colonne et il trouve que c'est une idée assez malheureuse que de faire sortir un jet d'eau de la massue d'Hercule. L'eau peut s'élancer de la mâchoire d'âne de Samson mais non pas d'une massue. (Notes d'Avenel, t. 1er.)

EXTRAITS DES REGISTRES PAROISSIAUX.

3 juillet 1645. — Le troisième jour de juillet 1645, furent fiancés hault et puissant seigneur Charles de Saincte Maure, marquis de Montausier gouverneur pour le Roy en ses pays de Saintonge, Angoumois et haute et basse Alsace et lieutenant général de sa Majesté en ses armées d'Allemagne, fils de déffunt hault et puissant seigneur Messire Léon de Saincte Maure, vivant chevalier seigneur de Montauzier et autres places et de dame Marguerite de Châteaubriant veuve du dit seigneur de Montauzier ses père et mère d'une part, et demoiselle Julie-Lucine d'Angennes de Rambouillet fille de haut et puissant messire d'Angennes marquis de Rambouillet, conseiller du Roy en ses conseils chevalier de ses ordres et cy devant grand maître de sa garde robe d'une part et en la chapelle haulte du chasteau de Ruel-en-parisiis par Illustrissime et Reverendissime Messire Antoine Godeau, Évesque de Grasse en Provence.

Le mardy quatre jour de juillet 1645 furent, Charles de Saincte Maure, marquis de Montauzier et damoiselle Julie-Lucine d'Angennes espousez tous deux en premières noces et ce, en la dite chapelle haulte du dit chasteau de Ruel autrement dit, le Val par le susdit Ill. et Rév. Antoine Godeau, Évesque de Grasse en Provence, en présence de haulte et puissante princesse, Marie de Bourbon, duchesse de Longueville, haute et puissante dame de Wignerod, duchesse d'Aiguillon et aultres dames et de M. Bertrand Corbin prestre, demeurant au dit chasteau, François Snivot escuyer sieur Deschamps, Théodore Ferray vallet de chambre de la dite dame d'Aiguillon et austres témoins.

Bessin C. D. R., abbé de Longuré.

28 mars 1675. — Ce jour d'huy vingt huit du mois de mai 1675 a esté bénite et baptisée une cloche pour l'usage de cette paroisse, laquelle a été nommée *Armand Marie* dont le parrain a esté Martin Pradin, escuyer, chevalier, seigneur du Puyrud pour et au nom et place de très haut et puissant seigneur Messire Armand Jean Duplessis de Richelieu, duc et pair de France, et la marraine Catherine-Angélique de Balmès espouse de Jean Fortin, chevalier seigneur de Cresnay pour et au nom et place de très haute et puissante dame Marie-Magdeleine de Wignerod, duchesse d'Aiguillon, pair de France. Messire Blanche étant curé, Denis Le Riche et Jean-Louis Valat marguilliers.

30 juillet 1684. — Aujourd'hui trentième juillet mil six cent quatre-vingt-quatre ont esté mariés haut et puissant seigneur Armand du Plessis, duc de Richelieu, veuf de haute et puissante dame, Anne Boussart de Faure, de la paroisse Saint-Paul, et demoiselle Anne-Marguerite d'Acigné, fille de Messire Jean Léonard comte d'Acigné et de haute dame Marie d'Acigné suivant l'ordonnance de Monseigneur l'archevêque de Paris dans le château de Ruel et du consentement des deux parties, suivant ce qui a esté arrêté par devant de Troyes et Carnot notaires du Chastelet de Paris. Jointe la permission du curé de Saint-Paul conseiller au parlement de Paris. En foi de quoi, les parties ont signé avec nous avec témoins au dit jour.

Armand, duc DU PLESSIS DE RICHELIEU.

Anne MARGUERITE D'ACIGNÉ.

Marie-Anne D'ACIGNÉ.

Pierre D'ACIGNÉ.

Limoges ROCHECHOUARD.

Honorat-Louis DU BELLAY.

Daumart, Parent.   Jardé, curé.

6 août 1684. — Ont été fiancés et mariés en face l'église dans la chapelle du chasteau de Monseigneur le duc de Richelieu M. Sepsvrien Daumart, capitaine du dit château et Mlle Marie Paris. Ont signé : Marie-Anne d'Acigné, Armand-Jean Duplessis de Richelieu, Anne-Marguerite d'Acigné duchesse de Richelieu, Pierre d'Acigné, Limoges Rochechouard.

30 fructidor an IV. — Aujourd'huy trente fructidor an quatre de la République française, onze heures du matin, par-devant nous, agents municipaux de la commune de Ruel, département de Seine-et-Oise, soussignés, ont comparu le citoyen Jean-Charles-Antoine Chauvet, régisseur, domicilié dans cette commune, âgé de quarante-quatre ans, le quel nous a dit que le jour d'hier, vers les sept heures du matin, est décédée, en sa demeure ordinaire, rue ci-devant dite du Château, la citoyenne Louise-Félicité de Bréhan de Plélo, veuve d'Emmanuel-Armand Duplessis Richelieu d'Aiguillon, âgée de soixante-dix ans, d'une maladie de langueur; nous, agents municipaux de la sus dite commune, nous nous sommes transportés en la demeure de la dite citoyenne d'Aiguillon, pour nous assurer de son décès, le quel avons reconnu vrai et l'avons conduite au lieu destiné au repos du corps, en présence des citoyens Alexis-Nicolas-Jullien Bonneleil, âgé de trente ans, domicilié à Paris, rue de la Chaise, section de la Croix-Rouge, et de Jean-Jacques Lamy, officier invalidé, âgé de cinquante-cinq ans, domicilié en cette commune, témoins qui ont signé avec nous le jour dit.

TABLE

Pages.

Fontainebleau. — E. Bourges, imp. breveté.

OUVRAGES DU MÊME AUTEUR

———

Le Prieuré bénédictin de la Celle-en-Brie, du XIe au XVIIIe siècle, avec un plan de 1780 et une photographie d'après une aquarelle de 1865. Meaux, Le Blondel — s. d., in-8°.

Les Intendants des anciennes provinces en France, d'après les documents conservés aux archives départementales en cours de publication. Paris, 1876, in-8°.

Fragments du journal de la maladie et de la mort de Louis XIII, par Antoine. Fontainebleau, 1880, in-8°.

Abbaye royale de Saint-Pierre de Chaumes-en-Brie, ancien diocèse de Sens. Paris, 1876, in-4°, avec un plan et quatre photographies.

Documents historiques antérieurs a 1790, inédits ou en cours de publication, extraits des archives départementales. Paris, 1877, in-8°.